多文化交流時代への挑戦

Challenges in the Age of Multicultural Exchange

御手洗昭治　Shoji MITARAI
小笠原はるの　Haruno OGASAWARA
ファビオ・ランベッリ　Fabio RAMBELLI

ゆまに書房

はじめに――本書のねらい

　モノとカネ、ヒト、それに情報が世界中を駆けめぐるグローバル化の進行を促しているのがIT（情報テクノロジー）である。政治、経済、ビジネス、文化など、あらゆる分野で情報の交流が活発になり、国家や企業のみならず、一般の人々もグローバル化と情報交換の波に巻き込まれる時代になった。文化に対する認識が多様化し、文化間の摩擦も増しつつある現代において、私たちはどのように生きていけばいいのだろうか。
　今日では、それぞれの国や文化価値の違いを知り、宗教、世代、職種の壁をこえたコミュニケーション能力を身につけることが求められるが、それを実行に移すことはけっして容易でない。また、多文化の理解やコミュニケーションと聞くと、外国人との交流やインターアクションだけを考えてしまいがちだが、同じ国内に住む人々――男性と女性、上司と部下、それぞれの世代など――の間で行われる日常的なコミュニケーションも、多文化コミュニケーションと捉えられる点も忘れてはならないだろう。

*

　本書は、これからのグローバル時代を担う人々が身につけなければならない、多文化を理解し、交流を図るために必要な基礎的コミュニケーション能力など、これだけは知ってもらいたいという情報をまとめた、いわば「入門ハンドブック」でもある。多文化関係の研究やコミュニケーションに関する研修や授業にも活用できるよう工夫を試み、以下の7点――①文化とは何か。また文化を支える要素とは何か。②なぜ文化は人間の行動パターンと思考パターンを支配するのか。③どうしたら多文化を観る目を培い、理解を深められるか。④文化間の翻訳は可能か。⑤多様な文化的背景を持つ人々と、どのように付き合えばよいのか。⑥コミュニケーションやネゴシエーションを営む際に生じる障害や文化摩擦とは何か。その解消法は何か。⑦海外など異文化の場で問題が生じた場合、どのように対処すれば解

決できるのか——すなわち、グローバル化が進む中、文化の多様性を認め合う寛容のスピリットをベースとして新しい交流と異文化とのつき合い方と異文化理解のパラダイムについての解説も加えている。ただし紙幅の都合上、やむを得ず割愛した箇所もあり、お詫び申し上げたい。

本書のプロジェクトと執筆に関わった3名は、いずれも豊富な海外経験、多文化体験の持ち主であり、長年にわたって、文化と人間の関係や、異文化・多文化とのコミュニケーション、ネゴシエーションのあり方を探求してきた、同じ志を持つ研究者である。また彼らは、それぞれの分野や立場で仕事や研究に携わっている実践型多文化コミュニケーターであると同時に、多文化間の橋渡し役、すなわちミディエーターでもある。

詳しくは、第8章で述べるが、今回の3.11東日本大震災は、日本にとって、これまで経験したことのない大きな試練となった。ただ、幸いなことに、今回の大震災に対して多文化からの数多くの人的派遣や救助活動のサポート、物心両面の支援、またそれら以外の有形、無形の協力もあった。

今回の試練は、これからの日本の多文化交流の在り方、異文化理解の必要性、それに国際関係の在り方を改めて考える機会を提供してくれた事も事実である。「まさかの時こそ真の友」という格言の意味を改めて知ることもできた読者も多いと思う。そのために、特に若い世代の人たちには、世界中に多くの友人を作り、多文化交流の輪をあらゆる分野で広げてもらいたい。それはグローバル化が進むこれからの日本と世界にとっても必要なことでもあるからだ。そのためには、日本から観る世界と世界から観る日本の「複眼的な見方」も必要である。本書を手にした読者が、これをきっかけに多文化との交流やコミュニケーションに興味を持ち、いずれ多文化間の橋渡し役として活躍してくれる人の現れてくれることを切に願っている。

執筆者を代表して　御手洗昭治

目　次

はじめに——本書のねらい ……………………………………………………… 1

第1章　文化の多様性を知るために ……………………………………… 9
1　「文化のペンタグラム」～文化を支える5つの要素～ ……………… 9
2　生息圏 ……………………………………………………………………… 10
　　生息圏とは何か　*10*
　　ローマクラブも生息圏の重要性を示唆　*11*
　　生態系と文化の危機～気候変動と食料問題～　*12*
3　人間圏 ……………………………………………………………………… 13
　　農耕牧畜から始まった人間圏　*13*
　　人間圏の課題～石油文化の次は？～　*14*
　　石油からグリーンメジャーへ、資源エネルギーの移行　*14*
　　人間圏を救うグリーン・ニューディール　*15*
　　人間圏にみる人間の行動範囲　*16*
4　経済・商業圏 ……………………………………………………………… 17
　　世界金融危機と投資の社会的責任　*17*
　　ブレトンウッズ体制の見直しと基軸通貨としてのドルの強さ　*18*
　　コペンハーゲン・コンセンサスと経済の再配分　*19*
　　されどアメリカ、されどドルの時代　*21*
　　経済危機を見据えた解決策、サスティナビリティ　*21*
5　人智・精神圏 ……………………………………………………………… 22
　　人智・精神圏と共属感覚・意識連帯感　*22*
　　イスラム圏文化の二極化　*23*
6　記号言語圏 ………………………………………………………………… 24
　　記号言語圏とは？　*24*
　　言語や宗教の壁を越えて～アジアの経済成長時代の対話～　*25*
　　イスラム文化にも照準を合わせるインド　*26*

第2章　文化とは何か ……………………………………………………… 28
1　「文化」の意味を考える ………………………………………………… 29
　　文化人類学における「文化」とは　*29*
　　「物質文化」と「非物質文化」　*30*
　　文化の「細分化」～支配文化とサブ・カルチャー～　*32*

                スーパー・カルチャー〜クール・カルチャーを例に〜　32
　　2　多文化社会、文化多元論、多文化主義とは……………………35
                文化多元論と多文化主義　35
　　3　文化と人間との関係………………………………………………37
　　4　文明とは〜文明の融合は分裂か〜………………………………38
                文明と文化　38
                ハンチントンの文明論とは？　40

第3章　オバマ大統領のコミュニケーション・スタイル……43
　　1　オバマ大統領のコミュニケーション・スタイルの特徴………43
                シルバー・ライニング・スタイル　43
                オバマ大統領の「影の仕掛け人」　44
                演説にみるオバマ流コミュニケーションの特徴　45
　　2　オバマ大統領と多文化社会・多様性……………………………49
                アメリカの多様性を象徴　49
                ポリクロニックな寛容さ　50

第4章　日本における国際交流の流れとマルチカルチャー認識度……52
　　1　国際交流の現状と課題……………………………………………52
                国際的人口移動と日本における受け入れ　52
                課題と解決方法　53
　　2　ベースボールと野球〜ヒルマン監督と日米野球文化〜………54
　　3　多文化コミュニケーター度チェック・リスト…………………57
                多文化コミュニケーターとは？　57
                文化の相対度　58
                職場における慣習と異文化感受性度　59
                外国語に対する平衡感覚　60
                外国の異文化における学習能力　61
                異文化交流能力　62
                国籍意識の自由度　63
                採点方法　64
                総合点でみるあなたの多文化コミュニケーター度　64

第5章　記号言語圏〜言語と文化とコミュニケーションの関係〜……67
1　文化のエーミックとエティック……………………………………67
エーミックとエティック　67
2　ことばとコミュニケーションのキーワードとコンセプト………68
「コミュニケーション」Communication　68
「ファティック・コミュオン（交感言語）」Phatic Communion　71
「レトリック（修辞学）」Rhetoric　72
「メタ・コミュニケーション」Metacommunication　73
「対人コミュニケーション」Interpersonal Communication　74
「コミュニカビリティ」Communicability　74
「文化」Calture　75
「異文化コミュニケーション」Intercultural Communication　75
「多文化間コミュニケーション」Multicultural Communication　76
「グローバル・コミュニケーション」Global Communication　77
「コミュニケーションズ」Communications　77
「メディア」Media　77
「ホット・メディア対クール・メディア」Hot Media Vs. Cool Media　78
「ソーシャル・メディア」Social Media　79
3　翻訳・通訳と文化……………………………………………………79
4　通訳泣かせ〜言語と文化に対する危機管理〜……………………81
言語と文化の逆転順現象　81
各文化の「語彙」の使い方　82
翻訳者と通訳者にとって必要な資質　83
5　コミュニケーション＝人間行動にはルールがある？……………85
コミュニケーション行動　85
コミュニケーションにも目的がある　86
文化とコミュニケーション〜人間の行動パターンの3つのセオリー〜　86
6　多文化適応と対人コミュニケーションの障害物…………………87
7つの障害物　87
「思い込み」の怖さ〜ほめ言葉が批判発言に／ポツダム宣言の誤訳〜　88
ことばと文化〜「口頭言語」の文化差〜　90
文化間のタブーに注意　91
しぐさ、身ぶり、行動パターンの文化の温度差　93
カルチャー・ショックとは　94
カルチャー・ショックに影響を与える環境と異文化への適応プロセス　95

　　　　夏目漱石とカルチャー・ショック　　98
　　　　ステレオタイプ　　99
　　　　マインドセット　　103

第6章　異文化とのネゴシエーション……106
　1　交渉とは？……106
　2　各文化のルールを知っておく……106
　3　文化の境界線を超えた共通項と交渉の関係……107
　4　ラショナル思考と交渉力……109

第7章　グローバル化とその種類……111
　1　グローバリーゼーションの概要……111
　2　予測型ローカライゼーションと対応型ローカライゼーション……113
　　　　予測型ローカライゼーション　　114
　　　　対応型ローカライゼーション　　114
　　　　日本おけるグローバル化への対応　　115
　　　　「ニュー・クール・ジャパン産業」戦略も鍵　　116
　　　　別の視点−対外対応力をつける−　　117

第8章　「3.11大震災」と日本復興シナリオ
　　　　〜多文化との交流ネットワーク〜
　1　日本の支援のために立ちあがってくれた多文化……119
　2　今後の6つの課題と日本の立て直しに必要なこと……121
　　　　産業とエネルギー源（原発に代わるエネルギー開発）を考える　　122
　　　　民間ビジネス外交と日本の安全保障　　123
　　　　国の復興計画と都市計画　　124
　　　　財政再建と復興資金　　125
　　　　情報・通信とソーシャル・メディアの出現　　126
　　　　多文化との連携と交流　　128
　3　安藤忠雄氏やビル・エモットらも説く多文化交流の時代……129

第9章　内なる多文化主義……132
　1　アイデンティティを考える……132
　　　　私は「外人」なのか　　132

「外人」とはなにか——自己と他者との流動的なアイデンティティー　*133*
　　　ケーススタディ：「イタリア人」というイメージ　*137*
　　　文化＝国家＝民族という図式の限界　*140*
　　　多様性のアイデンティティのために　*142*

2　文化のメカニズムあるいは多文化主義の論理と倫理……………*142*
　　　「記号」としての文化　*142*
　　　文化の周辺論　*143*
　　　文化変容の類型と倫理　*151*

3　多文化としての宗教「サンタクロースの文化史」………………*154*
　　　序説　*154*
　　　日本で行われるクリスマスの習慣とサンタクロース　*156*
　　　サンタクロースとは誰なのか——コカ・コーラによるイメージの横領　*158*
　　　コカ・コーラ以前のサンタクロース——聖ニコラス　*161*
　　　聖ニコラス、ミーラの司教　*164*
　　　聖ニコラス、サンタクロースおよびクリスマス　*167*
　　　サンタクロースと「ワイルド・ハント」　*169*
　　　サンタクロースの闇の部分　*171*
　　　古代の女神たちとサンタクロース　*174*
　　　サンタクロース、クリスマス、そして子供たち　*178*
　　　サンタクロースと文化史のまなざし　*180*

4　むすびにかえて——自文化を違う目で見てみよう………………*182*

あとがき　*185*
参考文献　*187*

第1章　文化の多様性を知るために

　人間同士の付き合いと同様、多文化と実りある関係を構築するためには、まず相手をよく知らなければならない。相手の国や文化を知るためには、政治の仕組みや経済の実態を理解するだけでなく、地理や風土、宗教、人種構成、歴史にも目を向ける必要がある。そうでなければ、国益を正しく判断したり、国としての痛みに思いをよせることはできないだろう。とくに、民族や宗教の対立を原因とした紛争が多い今日の世界では、なおさらである。

　現在、新しい尺度で世界を見るために、多文化理解教育、多文化地域学、多文化コミュニケーションなどを学ぶ機関の創設が求められている。自分の国や文化から一歩外に出ると、そこには異質で多様な文化や社会が展開しており、そうした多文化を知ることは、逆説的に自分の文化を知ることにもつながるだろう。

　まず本章では、文化の多様性を知るための手がかりについて考えてみよう。

1　「文化のペンタグラム」～文化を支える5つの要素～

　多文化を理解し、コミュニケーションを営む上でもっとも重要なポイントは、多様な文化を大局的に観る視点を培うことである。そのためには、次の5つの要素—①生息圏（biosphere）、②人間圏（humansphere）、③経済・商業圏（economic & business sphere）、④人智・精神圏（noos & spiritual sphere）、⑤記号言語圏（semioshere）—から形づくられる「文化のペンタグラム」の関連性をトータルに捉える力が必要となる。従来、研究者の間では、これらのうち精神圏、記号言語圏の2つを中心に文化を概観する方法が用いられてきた。しかし、私たちが社会的存在として行動する範囲を示す人間圏や、生活を支える経済・商業圏も、文化が構築される上

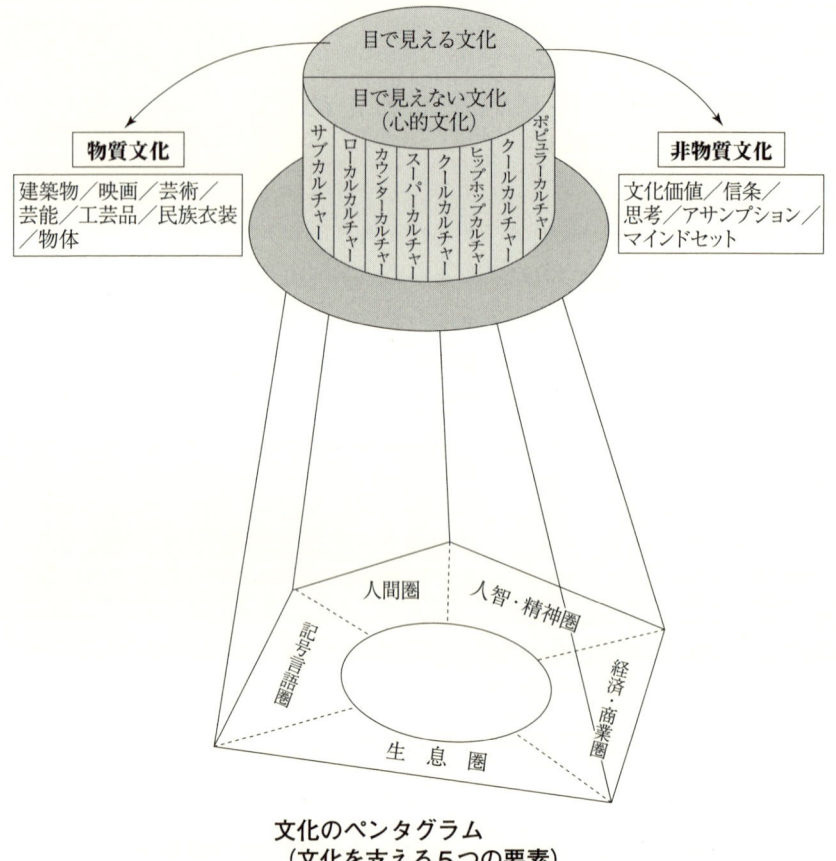

文化のペンタグラム
（文化を支える5つの要素）

で不可欠である。ここでは、それらを加えた5つの要素、すなわち「文化のペンタグラム」について述べてみたい。

2　生息圏

生息圏とは何か

　第一の要素「生息圏」とは、特定の生物が生息し、居住・生活できる地域、または生物としての人体が適応できる領域のことであり、人間が日常生活を営み、相互にコミュニケーションし、行動できる空間を指す。言っ

てみれば、生息圏は文化が生まれるためのもっとも基本的な要素なのである。

　世界地図を広げると、アジア大陸、アフリカ大陸、ヨーロッパ大陸、南北アメリカ大陸、オーストラリア大陸、南極大陸といった広大な地表が見えるが、人間が生息できる範囲はその一割程度に限られている。人間の生存には、ある一定の環境が必要だが、その生命力と適応力には驚かされることが多い。たとえば、アラスカに住んでいるイヌイット（エスキモー）やスカンジナビア半島地域に住むサーミ（ラップ）は、零下35度に達する北極圏の限界線に近い地域で生活を営んでおり、他方、熱帯地域や砂漠などで生活する民族もいる。一個の種族として、人間の生息圏は、他の生物と比べても広範囲にわたると言っていいかもしれない。

　さて、生息圏という用語は、1992年にロシアの生物学者ベルナッキが初めて使ったと言われているが、ベルナッキより早い段階で、生息圏に関する解説を試みたのは、紛争解決理論で有名な経済学者、ケネス・E・ボールディングである。

　ボールディングは、地球の物理システムにとって重要な特色の1つに、潮の干満を挙げ、「潮の存在は生物的進化に大きな影響を与えているし、いくつかの人的問題を引き起こす。満ち潮と引き潮の間に現れる『潮間帯』は、新種の誕生にも適した肥沃な場所であった。また、もし、『月』がなかったならば、地球では大洋から陸への生物の移動は、さらに困難なものになっていたであろう」と指摘する（Kenneth E. Boulding, The World as a Total Sytem,1985）。

　ボールディングもベルナッキも、あらゆる生物がそれぞれ生きる空間を持っていることに着目し、生息圏というコンセプトを導入したのである。

ローマクラブも生息圏の重要性を示唆

　2人より早く、生息圏の重要性を間接的ながら訴えていた人物が、1970年にローマクラブをつくったイタリアの実業家アウレリオ・ペッチェイである。ペッチェイは「ローマクラブ・レポート」の中で「成長の限界」というコンセプトを紹介し、地球の資源や生活空間が有限である以上、私た

ちは消費活動や人口増加を奨励し続けることができるのか、と疑問を投げかけた。さらに「今後は発想を転換して、限られた地球の資源と空間を分かち合い、皆でいかに生きるべきか」という新しいコンセプトの構築を提唱している。21世紀に入って、生息圏を守り、持続可能な社会を築くことの大切さが叫ばれているが、ペッチェイは40年近くも前から、警鐘を鳴らしていたのである。

生態系と文化の危機～気候変動と食料問題～

　2008年に起きた大規模な気候変動のため、世界各国で甚大な被害が生じた。ミャンマーではサイクロンにより多くの人命が奪われ、アメリカでは世界の食糧供給地でもある中西部が洪水に襲われた。この気候変動問題は、世界の平和と安全に対する考え方に根本的な見直しを迫った。多くの人々が、地球の生態系が危機状態にあることを感じるとともに、もはや戦争や紛争ではなく、地球温暖化や、それにともなう食糧不足、感染病や貧困の拡大が、自分たちの文化に大きな打撃を与えることを現実として認識したのである。

　こうしたことを背景として、2008年のキャッチフレーズは「持続可能な社会の実現」だった。この問題は、国連や各国政府、企業、そして市民社会が一致団結しなければ、解決のロードマップが見えてこない。それぞれの分野で、国家の垣根をこえて責任を担う「GSR（Global Social Responsibility）」の時代が到来したわけだ。

　GSRとは、たとえば、企業が利益のみを追求するのではなく、社会の一員として社会的公正さや環境への配慮を事業に取り込む倫理観のことで、1990年代に欧米で始まった。地球温暖化、貧困、テロといった問題に意識を持ち、政府レベルから個人レベルまで、誰もが社会的な責任を果たすべきだという考え方だが、机上の理論にとどまらず、実際に各自が行動を起こすことが必要である。

　中には、今からでは遅すぎると言う人もいる。しかし、国連がようやく重い腰を上げて「地球公共財」の取り組みに力を入れ始め、2008年の北海道洞爺湖サミットでも、これが主要テーマとなった。投資家たちも、今後

は開発途上地域の低所得者層を対象とした「BOP（Base of the Pyramid）」ビジネスへの参入が求められる。また企業が遵守すべき人権、労働基準、環境についての規範を提唱した国連による「グローバル・コンパクト」や、途上国の貧困削減目標などをまとめた「ミレニアム開発（MDGs）」に関わりながら、世界各国の企業が貧困や環境、労働、人権のための活動に参加しつつあることは喜ばしい。近年盛んにおこなわれている「エコ（ECO）」をめぐる取り組みも、その一環と言えるだろう。私たちの文化を根底から支える生息圏について、世界全体で見直す時代が来たのではないだろうか。

3　人間圏

農耕牧畜から始まった人間圏

「人間圏」は地球の歴史と関係が深い。最初人類は、狩猟や木の実などの採集によって、生息圏のモノの流れや太陽光をはじめとする自然エネルギーを利用していたため、地球システムと調和のとれた関係にあった。ところが、前述のケネス・ボールディングや地球物理学者の松井孝洋によると、1万年前に、人類が農耕牧畜を始めたことで、地球の表面付近の物質循環やエネルギーの流れに変化が生じる。その結果、地球システムに、生息圏の連鎖を離れた人間圏という新たな構成要素が加わり、やがて文明や文化を生み出した。が、それは一方で環境問題の遠因ともなる。とくに化石燃料の利用が始まってから、人間圏が急速に拡大し、二酸化炭素やメタン、フロンなどの温室効果ガスが広範囲に排出され、蓄積されて、地球温暖化が進んだ。本来、文化を支えるはずの人間圏が、文化破壊にもつながる様々な問題を生み出してしまうのである。

これまでの歴史において、私たちは、環境問題に対する科学的な捉え方や枠組み、対処法について共通した取り決めをしてこなかった。そのため、近年まで環境問題に関する懸念材料すら深く考えてこなかったのである。しかし、歴史的に見ると、私たち人類が、本来の地球システムから人間圏という物質圏を分化させ、エネルギーの流れに大きく干渉してきたことに、環境問題の原因があったと言えるだろう。

人間圏の課題～石油文化の次は？～

　今から150年前、江戸時代末期の日本の人口は3000万人程度だった。他の先進国の人口も多くなかったため、人間圏にはゆとりがあった。ところが現代、人間圏で主要な役割を果たしている先進国の人口は約10億人に達する。そこへ今まさに高度経済成長の道を歩む中国やインドの約25億人が加わった。人間圏の拡大にともない、資源・食糧不足、地球温暖化といった問題がより深刻化する。

　現在、科学者たちの最大の関心事は、どうすれば人間圏の拡大を防ぐことができるのか、という点にある。空気中の二酸化炭素の濃度が一定以上になると、人間の活動に支障を来たすことは、医学的にも立証されている。したがって、地球の危機とは人間圏の危機そのものであり、今後、地球システムと人間圏との調和を図る戦略が講じられなければ、人間の文化も消滅してしまうことになる。人間圏を救う方策はどこにあるのだろうか。

　前述したように、石油などの化石燃料の使用により、人間圏の拡大が急速に進んだ。人間は、地球システムが長時間かけて生み出した化石燃料を短期間で消費するようになり、その消費量は増加の一途をたどっている。私たちが石油を使い始めてからわずか200年足らずで、それまでの数千万年に相当する変動が起きてしまったのだ。これが、環境問題、食糧問題、資源エネルギー問題の本質である。多くの科学者が、21世紀を生きる人々が従来のライフスタイルを変えていかなければ、資源・食糧不足に陥ってしまうと説いていることを改めて思い出すべきだろう。

石油からグリーンメジャーへ、資源エネルギーの移行

　石油は、2080年には枯渇すると想定されている。そうした現状を前に、人間圏を救う解決策の一つとして、資源エネルギーの移行が始まった。

　2008年に起きたアメリカ発の金融危機以後、アラブ諸国では、主要エネルギーを太陽光に切り替え、インフラを変える動きが起こってきた。たとえば、アラブ首長国連邦の首都アブダビでは、未来型都市「マスダール・シティー」が期待を集めている。石油に依存せず、太陽光や風力といった再生可能エネルギーで人々の生活を支え、二酸化炭素の排出量をゼロにす

る。世界初となる「ゼロ・カーボン・シティー」の試みは、中東産油国の生き残りを賭けたモデルケースとして、2015年の完成をめざして建設が進められている。

　また、世界有数の石油エネルギー会社であるロイヤル・ダッチ・シェルは、すでに「『石油の世紀』の終わり」というシナリオを描いている。世界のエネルギー源に占める石油の割合は、2000年の35％から2050年には20％まで低下し、反対に太陽光やバイオ燃料などの新エネルギーが14％から30％に上昇すると言われる。ロイヤル・ダッチ・シェルは、バラク・オバマ大統領が唱えた「『太陽、風、大地を使って自動車を動かし、工場を稼働させる』時代にもメジャー企業であり続けるために」脱石油をめざしているのである（「大転換」『日本経済新聞』2009年2月11日朝刊）。

　シェルとロイヤル・ダッチの2社が、石油の利権を確保するため業務提携し、ロイヤル・ダッチ・シェルを創設したのは1907年のことである。翌年には、ゼネラル・モーターズが誕生し、フォード・モーターは大衆車のT型フォードを世に送り出した。100年前に、自動車業界のビッグ・スリー（ゼネラル・モーターズ、フォード、クライスラー）とオイルメジャー（石油の採掘、輸送、精製、販売までを一貫して操業する石油会社）が「車と石油の20世紀」をつくったわけだが、100年続いたその秩序がいま崩れようとしている。エネルギーの主流が石油から他へシフトし、ビッグ・スリーとオイルメジャーがグリーンメジャーへ移行できるか。そこに世界の注目が集まっている。

人間圏を救うグリーン・ニューディール
　バラク・オバマ大統領が、地球温暖化防止のために提唱した「グリーン・ニューディール」政策もまた、人間圏を救う解決策の1つである。これはクリーン開発の一環で、二酸化炭素の排出量取引について「汚染者負担の原則」を宣言し、二酸化炭素を排出した企業には排出枠を購入してもらうという大胆な対策案である。彼は大統領就任以前からこの政策を唱えており、日本でも2008年後半から議論されるようになった。

　アメリカをはじめ、先進諸国による、環境投資を柱に置いた経済政策は、

マスコミからも高く評価されている。たとえば『ニューズウィーク』は「金融危機を打開するため、地球にやさしい産業への投資を戦略的に増やす。そんな動きが世界に広がっている。オバマ大統領や他の先進国首脳も唱えた21世紀ニューディール政策は、経済や環境を救う一挙両得の切り札になるか」と伝えている（2009年11月26日、p.24）。徐々にではあるが、次代に向けた環境と人間の共生を図る体制が整いつつあるのかもしれない。

なお、グリーン・ニューディール政策の背景に、日本が議長国を務めた、北海道洞爺湖サミットがあることは意外と知られていない。洞爺湖サミットについては後に詳述する。

人間圏にみる人間の行動範囲

本節の最後に、人間圏とリンクする人間の行動範囲についてふれておこう。人類学者のロビン・ダンバーは、太古の暮らしと現代とのアナロジーにフォーカスを当て、人間は「150人が群れの上限値」という理論を打ち立てた。

チンパンジーなどの霊長類は、大脳新皮質が発達した動物である。しかしダンバーによれば、霊長類の中でも、大脳新皮質の大きさと群れの大きさの間には相関関係がある。集団が大きくなると、個体同士のコミュニケーションが複雑化され、処理の負荷が一挙に増えるため、大脳新皮質も大きくならざるを得ない。それを敷衍して、人間の大脳新皮質の大きさなどから計算すると、人間の集団（群れ）の大きさは150人に制限される。現代でも狩猟採集民は存在するが、農耕牧畜が始まるまでは10人から100人程度の集団をつくり、移動しながら、自分たちが生息できる空間（生活圏）を維持していた、というのである。

西垣通も述べているように、人間とは、100～150人の共同体をつくり、その中でコミュニケーション行動をとりながら生きている動物である。人間が地上に出現したのは10数万年前と言われているが、歴史的にも遺伝的にも、何千万、何億の人々と共同体をつくるほどの脳は持ち合わせていなかった。インターネットが普及した現在、70億人近い地球上の人々が情報を共有し、コミュニケーションできる時代になったが、ダンバーの理論に

基づけば、私たちは今なお、億単位の人々と相互コミュニケーションできる脳の容量は持ち合わせていない、ということになる。

　人間の文化の消滅を防ぐために、これからは地球システムと人間圏のバランスを図る学際的な研究が、科学分野以外でも必要である。

4　経済・商業圏

世界金融危機と投資の社会的責任

　文化を支える3番目の要素が、筆者が提唱する「経済・商業圏」である。前述した生息圏や人間圏が、地球環境と直接的に関わるコンセプトだとすれば、経済・商業圏は、私たちの実際的な日常の社会生活を支えているものである。各文化が歴史的に問題にしてきたことは、限られた資源をいかに有効に活用し、人々の日常の生活を生産・商業活動を通じてどれだけ豊かにするか＝「経済」であった。また経済活動とは、言い換えれば、各文化における人々の生活の営みそのものである。それをより豊かにいようという目的を持つのも人間の本質である。そのため経済が栄えるのである。

　21世紀に入って10年が過ぎた現時点の経済動向で、人々が危機感を募らせているのは、いわゆる「100年に1度の津波」と、世界経済における通貨体制の地殻変動という問題だろう（詳しくは第8章を参照されたい）。

　2008年、アラン・グリーンスパン連邦準備制度理事会（FRB）前議長が「100年に1度の信用収縮の津波の中にいる」と表現したアメリカ発の金融危機は、低所得者向けサブプライム住宅ローンの破綻を契機として瞬く間に世界中へ広がった。金融システムへの信頼が根底から揺らぎ、その影響がどこまで及ぶのか見極めがつかなくなる。金融グローバリズムのモデルだったアメリカが、自ら墓穴を掘ったのだ。経済学者のジョセフ・スティグリッツの言葉を借りれば、「ウォール街で作られた、有毒の住宅ローン担保証券」を世界中に輸出し混乱を引き起こした、ということになる。

　このような事態が起きた理由を端的に言えば、①金融学の発達が金儲け主義と結びついたこと、②行き過ぎをチェックし修正する姿勢を、金融当局も金融市場も欠いたこと、③世界の市場が1つになり、カネが瞬時に自由に動き、金融機関のビジネスは変容し、ヘッジファンドなどの新しいプ

レーヤーが現れ、それに金融当局が追いついていなかったこと、の3点を挙げることができる。

ただし、経済学者の伊藤元重が指摘しているように、これはアメリカ型金融システムの破綻だけが原因ではない。背景にある世界経済の枠組みを2つの視点で捉えると、問題の本質が見えてくる(「講演:今後の世界・日本経済の行き方」金融リテラシー向上プログラム、2009年)。

1つは、高齢化社会の到来である。第二次世界大戦直後のベビー・ブーム世代が50歳から60歳を迎え、日本のみならず先進国全体で高齢化が進んでいる。この高齢化社会において、新しい需要をつくりだし、消費を喚起しなければ、景気は本格的に回復できないだろう。

もう1つは、各国が抱える問題の数々である。アメリカは新型の金融危機による信用不安を抱え、ヨーロッパ諸国は、日本がかつて経験したような不動産バブル後の不良債権の処理に苦しんでおり、輸出に頼り過ぎたため、自動車や電気機器など基盤産業の経営状態が悪化した。日本もここ数年、国内の需要の低さをカバーするために海外売上げ比率を高め、さらに円安によって業績を上げてきたが、世界的な需要が大幅に減少し、一転して円高に直面したことで、売上げの落ち込みが予想以上に加速している。

次第に産業構造の転換が始まっている現代において、混迷する経済・商業圏を正常化し、維持していくためには、どうすればよいのだろうか。

ブレトンウッズ体制の見直しと基軸通貨としてのドルの強さ

1944年7月、アメリカのニューハンプシャー州にあるブレトンウッズで、第二次世界大戦後の国際通貨体制に関する国際会議が開催された。ここで決められた、ドルを基軸貨幣とするブレトンウッズ体制(金・ドル本位制)は、1971年8月、当時のアメリカ大統領ニクソンが金とドルの交換を禁止した「ニクソン・ショック」によって崩壊する。にもかかわらず、ドルの基軸は変わらなかったのだが、2008年の金融危機は、ドル基軸の通貨体制を大きく揺さぶった。

2008年、先進国首脳会議G8に代わって、20ヵ国・地域からなるG20(金融・世界経済に関する首脳会合)が開催され、ドル中心の通貨の見直し案

が浮上した。グローバルな視野から見れば、それは大きな一歩であった。ユーロ圏やロシア、さらに中国、ブラジルといった新興国の別基軸が力を増し、長期的にはドル中心の体制も弱まるだろう。しかし現実には、ドルに代わる基軸通貨が未だないのである。

2002年からヨーロッパ諸国ではユーロが導入されたが、ユーロの問題点は、主権国家をバックにした通貨ではないことにある。そのために、ヨーロッパ各国が勝手な決定をして混乱を助長した。たとえば、先の金融危機でヨーロッパの金融機関が確保に走ったのは、ユーロではなくドルだった。さらに新興国でドル不足になると、ドル調整を迫られた。そこで一斉に売られたユーロは一時急落し、このため「ユーロは基軸通貨からほど遠い」との見方が世界中に広がってしまった。後継者なき通貨の世界で、各国が新たな秩序を探すことになるのは確かである。

コペンハーゲン・コンセンサスと経済の再配分
では、経済・商業圏の金融安定に対して、何が必要なのだろうか。また、金融危機の今後の解決策はあるのだろうか。キーワードは、信認性と透明性である。つまり、金融市場に対する信任回復として資金の流動性やレバレッジについての新たな規則を設け、証券化商品の透明性を高めることが、今後必要となるわけだ。

この難題を解く糸口を探るとき、デンマークの経済学者ビョルン・ロンボルクが発案した「コペンハーゲン・コンセンサス」が1つの鍵を握っている。

地球温暖化や貧困、飢餓、伝染病などを含む、世界が緊急に取り組むべき10個の課題について、各分野の専門家が解決策を提案する。そして、たとえば今後4年間に750億ドルの資金があるとして、どのように配分するのが望ましいか、ノーベル賞経済学者を中心とした論客が、提出された解決策に費用便益の観点から優先順位をつける。これが、コペンハーゲン・コンセンサスという試みである。

2008年に開催された2回目のコペンハーゲン・コンセンサス（最初は2004年）でもっとも優先順位の高かった問題は「栄養不足の児童1400万人

に対する栄養補給対策」であった。具体的には、1400万人のうち80％の子どもに、ビタミンAと亜鉛の栄養剤を提供するプロジェクトである。年間6000万ドルで、その効果は10億ドル以上に相当するという。各自が1ドルを投じると、健康増進、死亡者の減少、将来の収入増加などの形で17ドル以上の恩恵をもたらすことになるのだ（Joel Waldfogel, Scoogenomics, 2009）。

2008年に選ばれた解決策のリストには、他に「世界貿易機関（WTO）のドーハ開発アジェンダの実施」や「ヨード塩による微量栄養素の補給と鉄分を含む基礎食品の供給」など、さまざまなプロジェクトが記載されており、諸問題についての解決の道が講じられているのである。

こうした経済の再配分は、アメリカでは個人の力によって実行されるケースが多い。1997年、CNN創業者のテッド・ターナーは、国際連合に10億ドルの寄付をおこなった。この金額は、アメリカの国連分担金に匹敵する。ターナーは「世の中には金持ちがたくさんいて、金があふれているが、どのように使えばいいのか誰もわかっていない」と述べた。だから、国連が有効な使い道を見つけてくれるのなら、国連に寄付したほうが世界全体の幸せにつながると考えたのである。2000年には、マイクロソフト創業者で現会長のビル・ゲイツが、メリンダ夫人とともに、個人資産1600億ドル（約16兆円）を投じて、世界における貧困や病、教育を支援する慈善基金財団、ビル＆メリンダ・ゲイツ財団を設立した。2006年にウォーレン・バフェットの300億ドルに及ぶ寄附を受け、規模が増大している。全米慈善活動統計センターの調査では、アメリカ人が税額免除を申請した寄付金の総額は、2005年に1600億ドルであった。

いっぽう政府レベルでは、経済協力開発機構（OECD）などによる対外支援が知られている。アメリカのOECDに対する2006年の支出総額は235億ドルで、世界のトップであった（しかし、対外支援が国民所得に占める割合では、アメリカは下から2番目）。個人、企業、政府を含めた経済の再配分によって、通常の経済政策と異なる方法で金融不安の解決策が講じられているのである。

されどアメリカ、されどドルの時代

　2009年以後の世界を「さらばアメリカ」の時代とする見方があるが、これからも「されどアメリカ」の時代は続くだろう。現実的に、世界を牽引できる国はアメリカ以外にない。なぜならアメリカの他に、以下の7つの要素──①高い人口の増加率、②広大な国土と豊富な資源、③高度な技術、④説明責任のある経済システム、⑤文化力、教育力などのソフトパワー、⑥自己修正する能力、⑦今回の金融危機の教訓を生かす可能性──を備えた国は存在しないからだ。

　またアメリカの強みは、自由市場重視の国であることだ。それはイデオロギーの問題ではなく、成長を重んじる方程式そのものである。たとえば、マイクロソフトやグーグルなどの新しい企業が、一気にビジネスの世界のトップになる自由な競争環境や、それを可能にする効率的な金融市場がアメリカを支えてきた。ミスの修正はあっても、その芽を摘むようなことはない。そのため多くの新しいベンチャー企業が生まれる。マイクロソフトやグーグルも、挑戦を恐れないベンチャー企業からスタートした会社である。ベンチャーとは、文字通り「冒険者」のことである。こうした冒険者を育む風土は、今後も世界を牽引する力を秘めていると言えよう。

経済危機を見据えた解決策、サスティナビリティ

　また、世界の多くの国における経済復興のキーワードは「サスティナビリティ（持続可能性）」である。Ｄ・Ｃ・エスティとＡ・Ｓ・ウィンストンは、『グリーン・トゥ・ゴールド』（村井彰子訳、アスペクト、2008年）の中で、環境破壊・自然資源収奪型の経済発展の時代は終わったと指摘し、それに代わって環境の安全や修復、グリーン投資にサポートされた新しい発展モデルへの転換が求められており、それは環境ビジネス以外にないと主張している。

　オレゴン州政府通商部の資料によると、グリーン・ニューディール政策をきっかけに、アメリカでも風力・太陽光発電など、石油や天然ガスに依存しない、環境にやさしいエネルギーへの関心が高まっている。いくつか例を挙げると、三洋電機はメキシコやオレゴン州に太陽電池の工場を、東

京電力の子会社ユーラスエナジーホールディングスはテキサス州に風力発電所を建設し、三菱重工業も風力発電機の生産力を3倍に上げるという。環境技術を得意とする日本企業だけでなく、アメリカの新興企業が新しいアイデアを武器にビジネスチャンスをつかもうとする動きが活発になっている。たとえば、ブライトソース・エナジーは大量の鏡を使って太陽光を集め、高温の熱で蒸気や液体を膨張させてタービンを回す形での太陽光発電の優位性（コストが従来の太陽光発電の半額）を訴えている。

　上記のような代替エネルギー事業は、金融危機後の新たな経済成長のモデルとなるものであり、地球環境の持続可能性を実現する期待を孕んでいる。人間圏のセクションでもふれたように、オバマ大統領のグリーン・ニューディールなど、アメリカをはじめ先進国は、環境投資による経済政策を次々に打ち立てている。そうした情勢を鑑みれば、経済・商業圏は、生息圏や人間圏を守り、それらとの結びつきを強めながら、私たちの文化を支える要素として今後ますます不可欠なものになっていくに違いない。

5　人智・精神圏

人智・精神圏と共属感覚・意識連帯感

　次に、4番目の要素である「人智・精神圏」について述べてみたい。

　人智・精神圏とは、地球上の多様な文化に属している人々が、意識的活動によって生息圏を拡大するために、人間の精神・心情面に関連する「共属感覚・意識連帯感（primordial attachment）」、すなわち人間の持つ"心のよりどころ"を柱に生活を営むことである。テイヤール・ド・シャルダンは、地球上に広がった人間の知識の相互作用圏を「人智圏」と呼び、石井米雄と加藤秀俊は、それを「精神圏」と呼んでいる。しかし、私見によれば「人智圏」と「精神圏」は切っても切れない関係のため、本書では新たに「人智・精神圏」という造語を使用する。

　共属感覚・意識連帯感とは、文化人類学者のクリフォード・ギアツが使用した言葉である。ギアツによれば、民族の本質は、人が生まれ、成長していくときに感じる「初期の基礎的な愛着」によって影響される。ある文化に生まれた子どもは、幼少時に身近にある食べ物、しぐさ、言葉、音楽

などを血肉として、アイデンティティや集団に対する愛着を持ちはじめる。これを「民族の共属感覚・意識連帯感」という。心理学者のエリク・H・エリクソンも述べているが、人には、誰かと共に生きる共属感覚・意識連帯感があり、だからこそ、自分のアイデンティティを見出すことのできる集団が必要になるのである。

　筆者の考えでは、共属感覚・意識連帯感とは、言語と宗教、伝統と地域、民族と人種などの側面に分類できるが、それらはお互いに影響し、関連し合っている。

　ここでは、宗教を例に挙げてみよう。世界には、ユダヤ教、キリスト教、仏教、イスラム教、ヒンズー教など、さまざまな宗教に属する文化圏が存在しており、ある宗教的精神と、そこから派生する生活様式―人智・精神圏―を形成し、規律や慣習をつくっている（宗教については、本書の9章3節を参照されたい）。しかし、同一の宗教の中に、多様な差異を見ることができる。たとえば、キリスト教文化圏における「クリスマス」は現在、世界的な行事になっているが、12月24日に「ミサ」という儀式（慣習）を行うのは、カトリックに属する人々である。また、イスラム教文化圏の人智・精神圏的範囲も広く、中近東はもちろん、旧ソ連のウズベキスタンから、東南アジアのインドネシア、シンガポールやマレーシアにまで及ぶ。このイスラム圏に焦点を当てて、問題を考えてみよう。

イスラム圏文化の二極化

　近年、イスラム圏は2種類の「二極化」に向かっている。1つは、経済的二極化である。オイルマネーで潤い、経済膨張の一途をたどるペルシャ湾岸の石油産油国―とくにサウジアラビア、イラン、イラク、オマーンなどの国―は、中東地域や国際的な場での影響力をますます強めている。しかし一方で、それら"持てる国"と"持たざる国"との経済格差が拡大し、中東和平プロセスの進展に寄与したエジプトやヨルダンの発言力低下が懸念されているのである。

　2つめは、宗派の2極化、すなわち「スンニ派」と「シーア派」との2極化である。パレスチナのイスラム原理主義組織ハマスなど、イスラエル

と対決姿勢をとり続けているのが、イスラム圏の中で多数派を占めるスンニ派である。スンニ派の陰に、サウジアラビアの経済支援があることは夙に指摘されている。しかし近年、国民の95％がシーア派を信奉するイランでは、こうした勢力に宗教を超えて影響力を浸透させており、イスラム圏内の2つの大国の綱引きはさらに激しくなっている。

　別の視点から、この問題を見てみよう。住民の8割が外国人で、イスラム圏でありながら他宗教にも理解の深いドバイは、文化都市として大きな経済発展を遂げてきた。その背景には、首長のムハンマドの力がある。ムハンマド首長の父ラーシドは、国家建設を進めてインフラを整備し、商業を保護し、湾岸地方の政治問題とはあえて距離をとっていた。そんな父の背中を見て育ったムハンマドは、イギリス留学から帰国すると「国民のために最良の教育と医療を与えたい」と決意し、国政を行なってきたのである。ムハンマドは「スンニ派もシーア派もよくわからない」という。バグダッドの実業家、アリ・モサウィは「イラクのサダム・フセインにほんの少しでも、ムハンマド首長のような直感があれば、政権を追われることもなく、国民から愛され、イラクは世界で最も富める国の1つになっていたであろうに」と、2007年の『ニューズウィーク』誌上で述べた。このように、イスラム圏と一口に言っても、多種多様な文化環境をもっているのである。人智・精神圏は、じつに多様性を帯びたものであり、共属感覚・意識連帯感や文化の形成と分かち難く結びついているのである。

6　記号言語圏

記号言語圏とは？

　最後に、文化とコミュニケーション、そして言葉の関係を考える上で大切な「記号言語圏」について考えてみよう。

　私たちは生きていく上で、生息圏、人間圏、経済・商業圏、人智・精神圏の制約を受ける。それとともに、言語・非言語を含むコミュニケーションによって、相互理解に必要な記号言語圏をつくりあげているのである。

　言語学者は、世界には千数百から数千種類の言語体系があると推定しているが（クチ語から1万語の言語が存在するという説もある）、文化内の

人口の減少にともなって消えていく「死語」もある。そうした中で、私たちは日本語という共通言語（記号体系）を通して日常生活を送っている。つまり、「日本語記号圏」の中でコミュニケーションを営んでいるわけだ。また、英語を媒体とする「英語記号圏」は、文化的にはイギリスの影響を受けているが、イギリス英語とは異なるアメリカ英語や、カナダ、オーストラリア、ニュージーランドで独自に使用されている英語もある。英語は、イギリスやアメリカが独占する公用語ではないのだ。アメリカにおける言語コミュニケーション問題の一例を挙げると、フロリダ州のディズニー・ワールド近辺にあるホテルの宿泊客は、スペイン語を使ってコミュニケーションをとっている。ディズニー・ワールド内でも、英語よりスペイン語やスペイン語交じりの英語を聞く率が多い。

　アジアの状況を見ても、香港で使用されている英語は違った語族（中国語）にも属している。またイスラム諸国の多くは、アラビア語を使用するアラビア語圏をつくりあげているが、インドネシアのインドネシア語やマレーシアで使用されているマレー語は、イスラム圏でも異なる語族に属している。

　そこで、次節ではアジアにおける記号文化圏について考えてみよう。

言語や宗教の壁を越えて～アジアの経済成長の時代の対話～
　多数の民族や宗教を有するアジアの多様性は、ヨーロッパ連合（EU）によって統合がなされたヨーロッパと比べ、統合が難しい要因とされるだけでなく、市場開拓を狙う企業にとっても障害となってきた。しかし近年では、その多様性に新たなチャンスを見出す企業も現れている。

　アジアには、千前後の民族集団が存在し、それに近い数の言語集団がある。そこに目をつけたのが、マイクロソフトである。同社は、1国の中で、多様な言語や宗教、文化を持つ人々が暮らす、細分化されたマーケットをいかに攻めるかに知恵を絞った。そして2007年、英語、マレー語、中国語、インド南部で使用されているタミル語という4つの言語に対応する基本ソフト（OS）の開発に成功し、初の多言語対応OSをマレーシアで販売したのである。それを買い求めるのは、ほとんどが一般家庭だったらしい。マ

レー系、華人系、インド系の住民が混在するため、家の中で数ヵ国の言語を用いる家庭も珍しくないというマレーシアの現状を鑑みての戦略であった。

マイクロソフトの多言語対応 OS は、人口2600万人のマレーシア市場だけをターゲットにしたものではなかった。同社は続いて、英語やヒンズー語など11言語に対応するインド版を投入する。マイクロソフトの描く夢は、発展途上国における IT の普及である。多様な言語を個別に賄うのではなく、多民族の混在する家庭やオフィスで共有可能な多言語対応ソフトを投入することで、幅広いニーズの開拓を狙っているのだ。

世界規模で経営を展開しているマクドナルドの戦略も、異なる記号言語圏に対応して成功を収めた好例として挙げることができる。ハンバーガーの肉は、牛肉が定番である。しかし、牛を神聖視するヒンズー教徒の多いインドでは、肉類は鶏肉のみである。同じように、イスラム教徒にとっては豚肉がタブーであることへの目配りも忘れていない。卵を含まない特殊なマヨネーズを使用したり、菜食主義者向けのメニューも用意し、大きな野菜コロッケをはさんだ「マックベジー」はその代表的なものだろう。文化環境にも配慮した独自のメニューが功を奏し、マクドナルドはインド進出から10年余りで、インドでの出店を120店舗（2008年時点）以上に拡大した。

マイクロソフトやマクドナルドの事例に限らず、アジアでは、言語や宗教の壁を分断と見做すのではなく、むしろその壁自体を、互いの差異を乗り越えるための契機とする動きが生まれているのである。

イスラム文化にも照準を合わせるインド

1997年7月、タイのバーツ相場の急落で、アジア通貨危機が始まった。その影響を受けて解体の危機に陥ったインドネシアの華人財閥企業グループが、新たなビジネスの活路を見出したのは、それまで華人企業になじみの薄かったインド市場であった。西ベンガル州では、中国メーカーと組んで二輪車工場を建設中で、工業団地や高速道路など総投資額3000億ドルの大規模なインフラ整備も進めている。通貨危機以前の海外展開は、他の華

人財閥同様、中国、東南アジアなど、ほとんどが華人ネットワークのある地域ばかりだった。しかし危機を経て、アジアの多様性に目を向けたとき、新たな可能性をインドという異文化との交流に求めた、というわけである。

　インドは、新たな市場としての地位を確立しはじめた。近年では、インドの株価の上昇率が注目されている。インドは2008年9月に株のオンライン取引サービスを始めた。その効果により、国内のみならずサウジアラビアやシンガポールからも問い合わせが殺到し、2日で1100件に達したという。さらにドイツの大手証券会社の出資を受けて、ペリソンは2008年内にPIE銘柄に投資する投資信託2000万ユーロをドイツに売り出した。インドの狙いは、ヨーロッパ文化圏で暮らすイスラム教徒と、中東の投資家たちにあった。民族の壁を越えてビジネスチャンスを探ろうとしているのである。なお、記号言語圏の文化とことばとコミュニケーションの関係については、第5章で取り上げる。

第2章　文化とは何か

　本章では、前述した5つの要素に支えられる「文化」とは何かを考え、その上で多文化をめぐる問題系を検討していきたい。
　2001年9月11日に起こった同時多発テロ以後、国家間の衝突を防ぐための危機管理に関する議論が盛んに行われるようになった。その中で、文化人類学者ばかりでなく国際政治学分野の研究者までもが、文化を知ることの必要を説いている。そこでまずは、2人の国際政治学者が見た、多文化理解の大切さについて触れておこう。
　文化力の重要性と、それに基づく国際関係や外交のあり方について「ソフト・パワー」という造語で解明を試みたのが、ハーバード大学教授のジョセフ・ナイである。ナイによれば、ソフト・パワーとは「アメリカが持つ軍事力や政治力ではなく文化力や教育、それに政策力などの魅力を求心力に各国と協力し連携することで真価を発揮できるパワーのこと」（Mitarai (2010) U.S.-Japan Negotiations 2009 & u.s. Smart. Power, Research Center, Sapporo University, March 2010）である。クリントン政権で、国家情報会議（NIC）議長、国防次官補の要職を歴任したナイは「ハード・パワー（軍事力・経済力）」にものを言わせた単独行動主義的なブッシュ政権の外交を「ソフト・パワーの欠如」という観点から批判した。
　ソフト・パワーというコンセプトは、アメリカのみならず、日本や他の国々が世界とどう向き合うべきかを、改めて考えさせるものだ。さらにナイは、近著『リーダー・パワー21世紀型組織の主導者のために』（北沢格訳、日本経済新聞出版社、2008年）で、ソフト・パワーとハード・パワーの組み合わせを重視した「スマート・パワー」という概念を紹介し、リーダーをめざすためには、文化や力の資源の配分状況や情報の流れを把握し、選択する知性が求められると指摘している。
　また、コロンビア大学教授のジェラルド・カーティスは『政治と秋刀魚

―日本と暮らして四五年』(日経BP社、2008年)の中で、ソフト・パワー時代の文化力について興味深い指摘をしている。

> 2001年9月11日に起こった同時多発テロ事件は、アメリカ人に大きなショックを与えた。ブッシュ政権は軍事面ばかりを重視して、イスラム世界、あるいは中東など地域研究を推進するというような対策が全くない。「文明の衝突」〔サミュエル・ハンチントンによる著書。後述―引用者〕の予言が当たらないためにも、まず異文化を知る必要がある。その努力も、そうした発想も今のアメリカにはなさ過ぎる。ケネディ時代には、政府も民間の財団も、地域研究を必死で支援した。幸運にも、私は日本語を勉強して博士課程に進学するための国防教育法奨学資金をもらい、日本語の勉強を始めた。(48頁)

つまり、文化や文明の衝突を防ぎ、紛争解決の鍵を握るのは教育であり、多文化理解や地域研究に対する各国の教育支援と英知が必要なのである。

1 「文化」の意味を考える

文化人類学における「文化」とは

「文化 (culture)」という言葉は、ラテン語の「colera」に由来し、「世話をする」「栽培する・耕す」という意味である。では文化人類学で使用される「文化」とは何を示すのだろうか。

文化の定義は、イギリスの人類学者であるエドワード・タイラーの『Primitive Culture』(1871年)によって、初めて体系化された。タイラーによれば、文化とは「日常生活の習慣、知識、信仰、道徳、芸術、法律など、社会や人間によって習得された総合的複合体のこと」である(比屋根安定訳『原始文化』誠信書房、1962年)。

その後、社会科学、とくに心理学の発展にともない、人類学者のフランツ・ボアス、ラルフ・リントン、クライド・クラックホーンらの定義が、文化人類学、社会学を含む行動科学、それにコミュニケーション学においても、一般的に使用されるようになった。彼らの定義を要約すれば、文化

とは「ある特定集団において世代から世代へ伝えられていく知識、技能、価値、信念、習慣、態度など共有される生活様式」ということになるだろう。

また、文化は、本人の血統にかかわらず、生まれ育つ環境によって決定される。たとえば、私たちが第1言語として使用する「Mother Tongue」(母国語)も、行動様式の1つである。母親の胎内からこの世に生まれ落ちた瞬間から、子守唄などを通して、私たちは母国語をほとんど無意識に学ぶ。子どもは4歳頃までに、母国語の話し言葉の文法を、家族や友達とのコミュニケーションを通じてインプットする。

以上をふまえて、文化の定義をより簡単に要約すれば、「個人の中に存在する、主に無意識のうちに学習され、人々に共有された行動様式と思考パターン」と言うことができるかもしれない。

「物質文化」と「非物質文化」

文化の分類方法は専門家によって異なるが、ここでは「物質文化」と「非物質文化」の2つに分類する。これらは、年齢や性別、地域や民族の違いを問わず、無意識に共有されているものである。

物質文化とは、衣食住をはじめ、道具、交通手段、建造物など、文明に近い意味合いを含む構成要素から成り立っている。もう一方の非物質文化は、さらに「行動文化」「制度文化」「心的文化」の3つに分けることができる。

①行動文化―外から観察できる、表情や身振り、動作、言語活動、行動などの「行為」を意味する。
②制度文化―人々の社会生活や行動の仕方を規範とする。たとえば、それぞれの文化の指標である法律、慣習、儀式、制度からなる。制度は、人間にとって内面的に保障された規範様式であり、それによって本人の外的な行動パターンなどが保障される。
③心的文化―目では見えない内面の知覚(物の見方、捉え方)、価値観、信条、世界観、思考パターンや態度などの心理的特性や要因を意味する。

第2章 文化とは何か 31

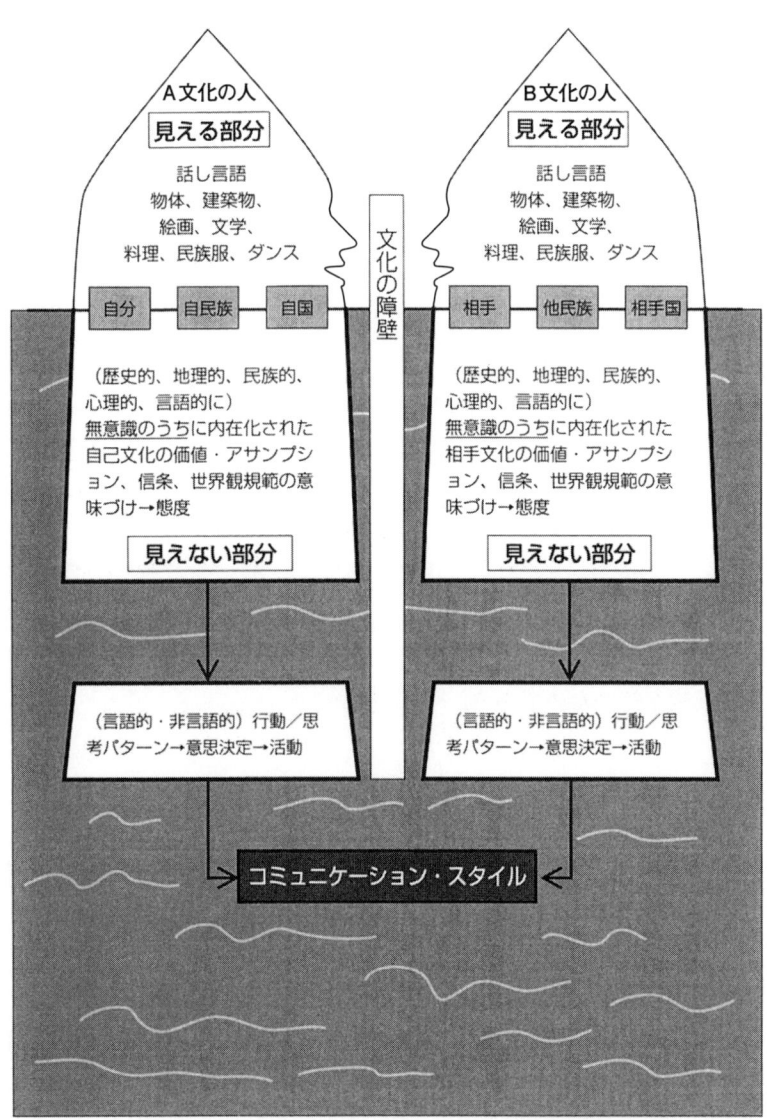

文化＝コミュニケーションの「氷山一角理論」

文化の「細分化」～支配文化とサブ・カルチャー～

文化人類学では、ある共同体の中で地域を越えて共有される文化のことを「支配文化（dominant culture）」（たとえば「日本文化」）と呼んでいる。しかし、支配文化の中には、年齢、性別、地域、民族別に細分化された「一部のグループメンバーにのみ共有される文化」も存在する。それらが「サブ・カルチャー」（副次・下位文化とも訳される。たとえば「地方文化」「若者文化」）と呼ばれるものである（ただし、文化に優劣はないと考えれば、下位文化という表現は不自然ともいえる）。

支配文化とサブ・カルチャーとは関連しながら存在するが、それらとは別に「カウンター（対抗）・カルチャー」と呼ばれる文化もある。たとえば、ベトナム戦争時代の学生の反戦グループの学生文化やヒッピー文化などがそれにあたる。

しかし、カウンター・カルチャーは一時的な現象であり、持続性がないため、サブ・カルチャーとは別に取り扱われている。アメリカの正・副大統領だったクリントン、ゴア両氏やイギリスのトニー・ブレア元首相は、カウンター・カルチャーの象徴的存在でもある。彼らはいずれも、1960年代にベトナム戦争や人種差別に反発し、お仕着せの社会制度や価値観に対抗した経験を持つためである。

スーパー・カルチャー～クール・カルチャーを例に～

「スーパー・カルチャー」とは、物質文化とも関連するものであり、ジーンズやロック・ミュージックといった国境を超えて享受される文化現象のことをいう。ケネス・ボールディングが指摘するように、テレビ、ラジオ、通信衛星、ITといったメディア改革が「スーパー・カルチャー」を世界各地に伝播させる一助を担っていると考えることができるだろう。近年では、日本のアニメなども「クール・ジャパン」と呼ばれ、日本以外の文化において「スーパー・カルチャー」としての影響を与えている。ここでは「クール・ジャパン」について少し考えてみたい。

性別、世代、社会の階層を超えた一般大衆が、日常生活の中で、スポーツ、音楽、芸能、文芸などの分野で共有している「ポピュラー・カルチャ

ー（大衆文化）」とは、消費社会がつくりあげた産物で、物質文化の一端といえる。スーパー・カルチャー同様、ラジオ、テレビなどのマス・メディアに影響される。社会学という学問を一般大衆にもわかりやすく説明し、『タイム』誌でもとりあげられたのが、社会学者のデービッド・リースマンである。リースマンは、現代においても、次の現象は変わらないことを示唆している。

　第一に大衆文化というものは、本質的に消費を教えるものである。したがって、大衆文化は、他人志向的な人間に政治を消費すること、ならびに、政治だの、政治的情報だの、政治的態度だのといったものは、いわば、製品であり、ゲームであり、娯楽であり、リクリエーションでもある。そこでは、人間はその買い手であり、遊び手であり、見物人であり、気ままな傍観者であるというわけだ。（デービッド・リースマン『孤独な群衆』加藤秀俊訳、みすず書房、1964年）

　現代の大衆文化の中で世界が注目しているのが「クール・カルチャー」で、海外における日本ブームが「クール・ジャパン」と呼ばれている。

①「クール・カルチャー」（クール・ジャパンの例）
　クール・ジャパンの文化内容に関しては、これまでに数多くの書物が出版されている。しかし、それらの大半が、現代日本のアニメや漫画、ゲーム、ポップ・ミュージック、ファッションを中心に書かれている。しかし、本書においてクール・カルチャーとは、料理、小説、芸術、美術、伝統芸能、工芸、建築、食や農業、ガーデニング、観光産業、エコや環境技術も文化力に反映させた「文化創造」と定義したい。
　クール・カルチャーの強みは、私たちの社会が抱えている閉塞感や停滞を打ち破る文化力を持っていることである。クール・ジャパンは、大衆文化としても世界でも幅広く受容され評価され、愛好されている。たとえば、アメリカなどでは、日本のアニメ、「千と千尋の神隠し」、「崖の上のポニョ」それに「鉄腕アトム」などが、人気を博している。これは日本のグロ

ーバリゼーションの一端であるという。その言は日本をローカルの場とする考えであり、ローカルな場所に創造面でクリエイティブな基盤を置きながら、そこから発するメッセージが極めてグローバルに訴える力を持っているとする。

ただし、問題は、日本のクール・ジャパンの人気が必ずしも日本の関連産業の海外展開に結びついていないことである。アニメ産業が中小零細企業中心であることも一因であろう。ほかの分野を見ても、世界で増加する日本食レストランについて、その多くが日本人以外の経営になっているといった現象がある。

日本がせっかくの人気を経済成長に生かせないのとは対照的に、韓国はアジア各地でその存在感を高めている。香港、バンコック、シンガポールなどのCDやDVDのショップでは、韓国のドラマやKポップがあふれている。日本政府の新しい施策が求められている（それについては、第7章の「グローバル化とその種類」で述べる）。

②「ヒップ・ホップ・カルチャー」

ニューヨークのアフロ系コミュニティーから生れた「ヒップ・ホップ・カルチャー」。今、注目されているラップ・ミュージックはスーパー・カルチャーにも関係する大衆文化に大きな影響を与えている。

ヒップ・ホップ音楽とは、都市貧困層や弱者の心理的なうっぷん、うっ屈した気持ちを伝えるための表現方法である。また、感情を表現するためにデジタル機器などのテクノロジーが使用されている。

男女差などジェンダーに関するテーマを扱う一方、政治的なテーマも取り上げられる。2001年にミシガン州のデトロイト市長選挙をめぐって、若者に参加を呼びかける際、忘れてはならない事件が起きた。「ヒップ・ホップ世代」とマーティー・ルーサー・キング牧師の影響を受けた「公民権運動世代」との間で対立・紛争が生じ、政治問題に発展した。

アメリカの一地域（ローカル）で生れたヒップ・ホップが、異なる文化でも根付き、「スーパー・カルチャー」として認められていることは興味深い現象といえる。文化の国境を超えたグローバリゼーションとローカリ

ゼーションというテーマを掘り下げる上で格好の素材といえる。

2　多文化社会、文化多元論、多文化主義とは

文化多元論と多文化主義

　多文化社会とは、同じ社会や地域において、多様な文化に属する人々が共存できる場所のことをいう。

　従来、アメリカで頻繁に使用されていたのが「メルティング・ポット（人種のるつぼ）」という考え方であった。これは、さまざまな人種が集合し、アメリカ人として同化するために溶解炉に投げ込まれて、溶けて流れてメインストリームの中でミックスされるというコンセプトである。

　1960年代に入ると、アフロ・アメリカン系、ヒスパニック系、アジア系のアメリカ人が平等の権利を主張するようになったため、「サラダ・ボール」というコンセプトが広まった。サラダ・ボールに入っているサラダの材料は、個別にみるとトマトはトマトであり、キュウリはキュウリであり、レタスはレタスだが、全体としてはサラダという調和を形成することに準えたものである。そして1960年代後半のアメリカで、各文化の主体性を認め合うことをめざして生まれたのが、「文化多元論」という言葉である。1980年代になると、それを一歩進め、文化の相違や異質性を認め合いながら、差別のない社会をめざす「多文化主義」という考え方が広まった。つまり、異なる文化の共存を認識するだけでなく、行政や公共政策の中でそれが生かされるべきだという考え方に移行していったのである。

　歴史学者のアーサー・M・シュレージンガー Jr. は、次のように述べている。

　　異なる文化バックグラウンド、異なる言語を語り、異なる宗教を信仰し、民族のオリジンを異にする人々が同じ地理的な地域に住み、同一の政治的主権のもとで生活を営む際、一体そこには何が起きるであろう。いまや民族的、人種的な抗闘がイデオロギー面にみられる抗争とって代わることは明らかなことになった。（都留重人監訳『アメリカの分裂―多元文化社会についての所見』岩波書店、1992年）

つまり、アメリカが、これまで主流と言われてきた「WASP」―人種は白人、宗教は清教徒、民族的にはアングロ・サクソン―によって構成される国家から、多種多様な民族集団を持つ国、すなわち多文化主義をめざす社会になりつつあることを理解するよう促したのだ。現代社会において、この考えはアメリカ以外の文化圏にも広まりつつある。

　南オーストラリア大学のデービッド・チャップマン教授によると、多文化主義という用語は、1975年に、オーストラリアの「ガルバリー報告書」の中で初めて公式に使用された。この報告書には、多文化主義がオーストラリア全体にもたらす、3つのメリットが明記されている。

　まず、移民の文化がもつ特質が、オーストラリア文化をより豊かにすること。次に、同化政策によってアイデンティティが抑圧される移民の不安を取り除き、社会を構成できること。そして、移民以外のオーストラリア人は第2外国語を学びやすくなり、移民の子供たちが両親の言語を学ぶことで親子間のコミュニケーションが図れるようになること、という3点である。

　「ガルバリー報告書」は、移民の社会福祉などの問題が指摘されたが、改善策も提案され、1979年には、オーストラリア多文化問題研究所が設立された（デービッド・チャップマン「オーストラリアと日本に見る多文化主義と日豪異文化交流」2007年6月20日、札幌大学北方文化フォーラム講演資料）。

　多文化主義には、次の7つの領域があるので列挙しておきたい。

①コーポレット多文化主義（私的プラス公的領域にみられる文化の多様性を認める考え）
②シンボリック多文化主義（少数派グループの一部の伝等や文化は認めるが、それ以外は認めない考え）
③リベラル多文化主義（私的領域において多様性や価値観を市民レベルで認め合うこと）
④分離・独立型多文化主義（少数派が現に存在している社会を解体してでも分離を求める考え）

⑤分断的多文化主義（多数派が少数派の文化・言語を否定し、独自の文化を形成する考え）
⑥連邦介入型多文化主義（各地域に存在する文化や言語に政治的・法的制度を設け、公用語を守ったりする考え）
⑦地域分権型多文化主義（各地域に存在する自治や独自性・自律性を認めつつ、社会全体を統合する考え）

これらはいずれも〈多数派対少数派〉というように2極化されており、多様性の許容度や同質性に対して程度の差があることも特徴といえる。独自の言語や生活習慣を維持するのか。多文化をどの程度まで許容するのかといった問題が論争になっている。

3 文化と人間との関係

人の性質や性格は、住んでいる環境や文化によって変わるものである。文化と人間との関係については色々な研究があるが、主に次の3つの理論に分類される。

1つが「ユニバーサル（世界共通）派」であり、人間の発達は、経緯や方向性は所属する文化に関らず同じで、その早さやレベルにおいてのみ違いがあるという考え方である。2つめが「文化相対派」である。これは、人間の発達そのものがそれぞれの文化によって定められているため、その経緯や方向性も、文化間で違いがみられるという考え方である。

第3として、心理学者のM・チャップマンは、前記2つの理論とは異なる説を打ち立てて、モデル化した。チャップマンによれば、人間の発達の基盤は、ある程度まで文化影響を受けるため、文化間でも連続性があるという。そのため、発達の起点が同じであっても、その方向性は文化によって異なる。したがって、チャップマン・モデルは、ユニバーサル派と文化相対論派の間に位置づけられている。

人間の性格は、住んでいる環境や文化が違っても変わらないかもしれない。善意や誇りなどは各文化において共通だが、その表現の仕方や発達の方向性は、文化によって差異が生ずる。これが「文化差」である。人の性

格や性質は、そのような発達をたどるため、文化の異なる国の間で違った形成のプロセスを経ることが予測されるということである。

そうした問題について、1990年代に、日本とアメリカの子どもを比較したとき、文化差が性格や性質に影響することを示す興味深い研究結果がある。

「良い子とはどんな子どもか？」という質問をおこなったところ、日本とアメリカでは以下のような相違がみられた。

日本では、学校から家に帰ったら、まず手を洗い、うがいをし、礼儀正しく、挨拶などの習慣が身についている子、また規則を守り、他人に迷惑をかけず、努力する子が「良い子」と見なされている。これらは、社会規範にも関係があるが、日本的な文化に根ざしたものであるという見方が強い。

一方、アメリカの調査結果で上位を占めた回答は、自立心のある子、リーダーシップのとれる子、異なった他人の意見に対して寛容な態度が取れる子が挙がっている（Chapman, M., Contexuality & Directionarity of Congnitive Development, Human Development, 131, pp.92-106；総理府青少年対策本部資料、東洋『日本人のしつけと教育　発達の日米比較にもとづいて』東京大学出版会、1994年）。これらは、アメリカの文化の中で、重要視されている項目である。

4　文明とは〜文明の融合か分裂か〜

文明と文化

以上、文化とは何かという問題を扱ってきたが、ここからは文明と文化について考えてみたい。

先に述べたように「文化」がラテン語の「colera」に由来するのに対して、「文明（civilization）」はラテン語の「civis（市民）」に由来している。市民が身分を持つことで都市（civitas）が生まれ、市民は政治的権利を持ち、また市民にふさわしい物質や精神を持つことができる。これが「文明」の示す意味である。

1772年に、伝記作家のジェームス・ボズウェルが、文明という言葉を「野

蛮・未開」に対置するものとして、サミュエル・ジョンソンの『英語辞典』（1755年初版）に記載することを主張したが、ジョンソンはボズウェルの要求を認めず、辞典には「civility（礼儀正しさ、丁寧など）」という用語を採用した。ただし、1775年のジョン・アッシュによる辞書では採用されることになる。

19世紀に入って、文明を「高度な文化」と位置づけたのは、エドワード・タイラーである。タイラーは、従来の文化人類学者が行なっていた「野蛮と文明」という対比から、「相対主義」という方向に踏み出した。しかし、文明とは都市化のことであり、文化は都市化とかけ離れたコンセプトであるという学者もいる。

第一次世界大戦後、オスヴァルト・シュペングラーに影響を受けて、それをイギリス流の文明史観に再編成したのが、イギリスの歴史学者アーノルド・J・トインビーである。

トインビーの説をわかりやすく言えば、「文明」とは、その多くが他の１つもしくは、それ以上の社会や文明と親子関係にあり、その数は22近くにおよぶということである。

トインビーの特徴は、「発展した文化」を文明として捉える立場をとりながら、西洋文明の相対性、文明の消長といった見方をシュペングラーに学んだ点にある。それを基に『歴史の研究』（A Study of History Vol.1-4, 1958）という大著にまとめあげた。

トインビーは、西洋キリスト教文明を筆頭に、ギリシャ正教的キリスト教文明、イスラム文明、ヒンズー・インダス文明、それに中国文明という５つの文明が存在すると説く。ギリシャ正教的キリスト教文明はロシアを中心として、西はバルト海から東は太平洋、南は地中海から北は北極海までを含む。これは、アジアの北半分とヨーロッパの東半分を占め、同時にロシアが他のすべての文明の裏口を監視していることをも意味する。イスラム文明は、アジア大陸の中心を押さえて西に延び、北アフリカの西端まで達し、アフリカの西のダカールから東南アジアにまで広がっている。またインド文明と中国文明は、現在のユーラシアにどっしりと構えている。

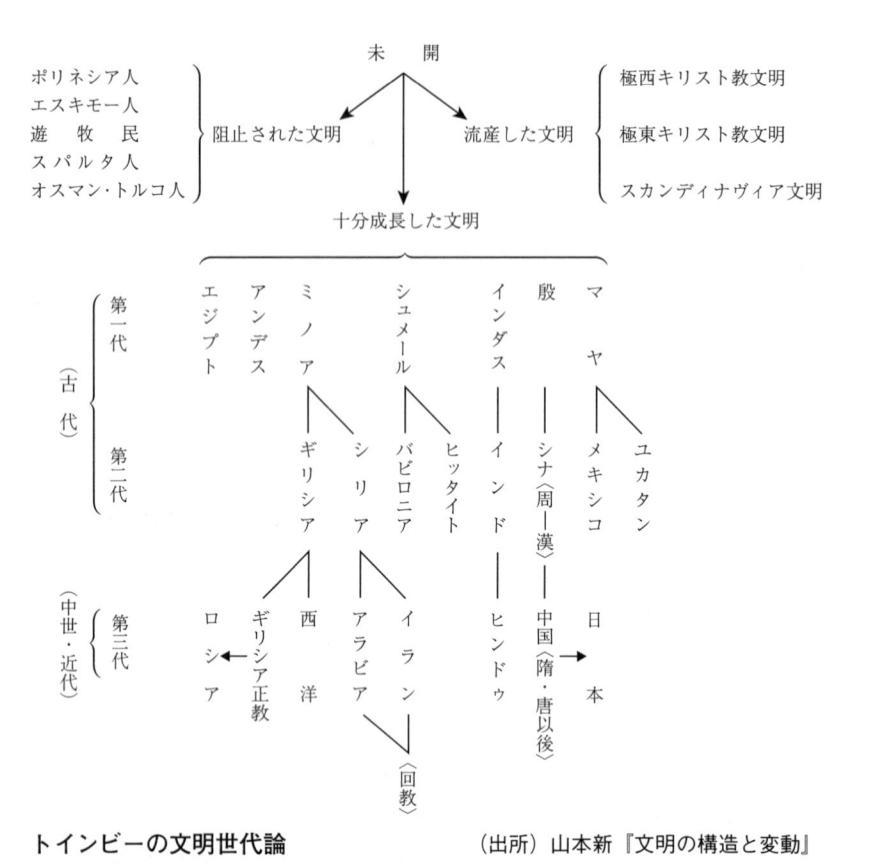

```
                              未  開
                               │
      ポリネシア人          ┌──┼──┐              極西キリスト教文明
      エスキモー人          ↓  ↓  ↓
      遊 牧 民  ┠阻止された文明  流産した文明    極東キリスト教文明
      スパルタ人                                  
      オスマン・トルコ人    ↓                    スカンディナヴィア文明
                      十分成長した文明
```

トインビーの文明世代論　　　　　　　（出所）山本新『文明の構造と変動』

（古代）第一代：エジプト、アンデス、ミノア、シュメール、インダス、殷、マヤ
（古代）第二代：ギリシア、シリア、バビロニア、ヒッタイト、インド、シナ〈周―漢〉、メキシコ、ユカタン
（中世・近代）第三代：ロシア、ギリシア正教、西洋、アラビア、イラン、ヒンドゥ、中国〈隋・唐以後〉→日本、〈回教〉

　もっと厳密に言えば、次の22近い社会から文明が成り立っているということになる。

　①西欧　②正教キリスト教　③イラン　④アラブ　⑤ヒンズー　⑥極東（⑦中国　⑧日本　⑨朝鮮）　⑩ヘレニック　⑪シリア　⑬シナ　⑭ミノス　⑮インダス　⑯シュメール　⑰ヒッタイト　⑱バビロニア　⑲エジプト　⑳アンデス　㉑メキシコ　㉒ユカテク

ハンチントンの文明論とは？

　トインビーと同様、日本を１つの文明体系と捉えたのが、政治学者のサ

ミュエル・ハンチントンである。しかし、ハンチントンの説はトインビーとは正反対だと言っていい。両者の違いはどこにあるのだろうか。

ハンチントンは、世界の文明を8つに分けている。すなわち、西欧文明、ラテンアメリカ文明、ロシア正教文明、イスラム文明、ヒンズー文明、アフリカ文明、中華文明、日本文明である。トインビーが日本を独立した文明体系と捉えていたのに対し、ハンチントンは、西欧でもなければ、中華文明の亜流でもない、いずれにも属さない「折衷型」の文明体系と捉えている。さらに21世紀を見据えて、ラテンアメリカ文明と、アフリカ連合（AU）を形成中のアフリカ文明を加えていた。

ハンチントンが1996年に著した『The Clash of Civilizations and the Remaking of World Order』は39カ国に翻訳され、一躍その名を世界に広めた。日本でも、1998年に『文明の衝突』（鈴木主税訳、集英社）として出版されている。ハンチントンは『文明の衝突』の中で、他の欧米の文明論者と同様、西欧文明をもっとも優れた文明であると指摘し、イデオロギーの対立が終わると民族と宗教の対立が始まるという大胆な予測をおこなった。つまり、八つの主要な文明を持つ世界の未来では、西欧キリスト教圏、イスラム圏、中国儒教国といった、宗教をバックボーンとする文明間の衝突と紛争を避けられないという主張である。そして2001年9月11日、彼の予測が的中するのである。

しかし同時多発テロ事件が起きた2001年9月11日以後の世界では、ハンチントンの衝突理論が単純化され、欧米対イスラムという図式のみが誇張されてしまっている。1989年まで続いた冷戦は、ソ連と東欧の社会主義圏の崩壊で終結した。しかし、ユーゴスラビアの内戦、チェチェン紛争、また2008年の北京オリンピック開催時に勃発したロシアとグルジアその他の国における民族紛争などを見ると、世界では衝突が絶えない。その背後には、キリスト教対イスラム教、仏教とヒンズー教など、文化や文明の違いが見え隠れする。冷戦時代では「東西」という2大陣営の陰に隠れて表面化しなかった宗教や習慣、文化の違いによる対立が、領土や政治や経済や社会などの問題で暴露された感がある。

ただし、トインビーとハンチントンの2人には共通する部分もある。そ

れは、自らが達成した高度の文明を誇り、その使命を世界に向けて提唱し、求心的に文明圏を形成しようと活動してきたのは西欧・アメリカ文明だという点である。また、ハンチントンは『分断されるアメリカ』の中で以下の点を強調している。

　アメリカは、アングロ・プロテスタント文化の国だが、スペイン系のヒスパニック移民の急増で、従来の文化基盤が脅威にさらされているという。アメリカを形成するのは、イギリスから受け継いだ政治、社会制度、労働論理、英語であり、これらの文化・価値観、すなわちアングロ・プロテスタント文化にアメリカは立ち返るべきだと提唱しているのだ。それこそがアメリカの信条─具体的にいえば自由、平等、民主主義、人権尊重、法の支配、幸福の追求である。そして、多くの人々がアメリカに移住する理由は、上記の要素にくわえて、アメリカが多文化・多民族国家であることを改めて考えなくてはならない。

　とはいえ、21世紀においては、どの文明に属していようとも、自分たちの文明のためだけではなく、世界の全文明─すなわち「地球文明」のことを絶えず意識して行動しなければならない。現在地球は、環境や人口、貧困、地域格差、紛争などの難題を抱えこんでいる。かつて16世紀のイギリスの詩人、ジョン・ダンが「誰一人として自分自身にとって、孤立した島であるような人間はいない」と述べていたが、これらの問題は1つの国、地域、文化、文明が対処できる問題ではない。つまりグローバルな視点で、人類全体が解決に当たらねばならないのである。

第3章　オバマ大統領のコミュニケーション・スタイル

　多文化コミュニケーションを学ぶことと、それを成功させることは同一の問題ではない。文化のバックグラウンドが異なる人とのコミュニケーションを成功させるためには、何が必要なのだろうか。答えはさまざまだが、端的に言えば、「文化とは何か」についてのインプットが必要であり、自文化と他文化の価値観を複眼的に見る目を培うとともに、異なる文化の人々が何を考え、行動するのかを考えることが必要である。本節でとりあげるバラク・F・オバマ米国大統領のコミュニケーション力、多文化に対する姿勢を探ってみると、そこにいくつかの答えが隠されている。

1　オバマ大統領のコミュニケーション・スタイルの特徴

シルバー・ライニング・スタイル

　2008年の、長く厳しい大統領選挙を制したオバマ大統領。勝敗を分けた要因の一つに、国民に対する本人の「交渉力」を挙げられるが、最大の要因は何と言っても「スピーチ・コミュニケーション」のうまさにある。

　選挙中、オバマ候補は「シルバー・ライニング（silver lining）」と名づけた独特のコミュニケーション・スタイルで、アメリカ国民に対して助け合いと責任を求めた。これは「希望の光を与える」という意味である。

　オバマ候補は2008年11月4日に行った『勝利宣言』の中で「（今日成し遂げられた）アメリカの物語は特異だが、我々の行き先は共有できる。米国の新政権の夜明けが近づいている」と呼びかけた。さらに「この世を破壊しようとするものたちを、我々は打ち負かす。そして、平和と安定を求める人々を支援する」と決意を語った。アメリカの本当の力として「武力や富の力ではなく、民主主義や自由、機会や希望といった絶えざる理想」を挙げた。その上で「アメリカは変化（Change）できる。我々の団結は完遂できる」と力説した。

就任演説での国民に対する問いかけは、厳しい現実に立ち向かうメッセージでもあった。オバマ大統領は、深刻な危機に直面している現実を指摘し、アメリカ再生の作業をスタートしなくてはならないと呼びかけた。多くの国民が、周到な準備で臨むオバマ氏のスピーチに魅了させられた。その結果、オバマ大統領こそが、近年にみる政治家の中で最も雄弁なスピーカーの 1 人と評されることになる。その結果、メッセージが聴衆に届き、アメリカ史上初のアフリカ系大統領に就任したのである。
　ところが、オバマ大統領は、前評判ではあまり目立ったスピーチ・メーカーではなかった。では、いかにしてオバマ大統領が「グレート・スピーチ・メーカー」になれたのだろうか。また、オバマ大統領のスピーチ・コミュニケーション力の特徴とは何かを探ってみよう。

オバマ大統領の「影の仕掛け人」

　何がきっかけで、オバマ大統領はグレート・スピーチ・メーカーになれたのだろうか。そこには「影の仕掛け人」とオバマ大統領との出会いがあった。後にオバマ氏のスピーチ・ライターになる、当時26歳だったジョン・ファブロー氏である。オバマ大統領の就任演説の原稿を書いたのもファブロー氏である。
　ファブロー氏は大学時代には政治学を専攻。オバマ候補の発言や思考、そのコミュニケーション・スタイルも研究し、原稿を書くときは「オバマ氏の心が読める」という。とくに、オバマ流のレトリック（言葉の効果的使用法）やエピダイクティック（言葉の誇張などの演出）を見出したのもファブロー氏なのである。
　オバマ氏がスピーチ・メーカーとして全米に知られるようになったのは、2004年 7 月、ボストンで行われた民主党全国大会の基調講演といわれる。しかし、このときのスピーチを聞いたファブロー氏は、オバマ候補のスピーチの中で重複する部分はカットしたほうがより効果的だとアドバイスした。これが縁で、オバマ候補はファブロー氏をコーチ兼スピーチ・ライターとして抜擢する。
　ファブロー氏は、就任演説の原稿を準備するにあたって「危機」につい

ての調査をし、過去の歴代米国大統領のスピーチを聞き、スターバックスで最終就任演説の原稿に取り組んだという。中でも「黒人のアメリカ、白人のアメリカ、ラテン系のアメリカ、アジア系のアメリカは存在しない。あるのは、アメリカ合衆国だけである」という台詞が有名となった。

以上のことを考えてみると、ファブロー氏の存在が、オバマ大統領をグレート・スピーチ・メーカーに押し上げたと言っていい。

演説にみるオバマ流コミュニケーションの特徴

それでは、オバマ大統領のスピーチ・コミュニケーション力の特徴とは何か。筆者の持論では、それを知るためには以下の項目にヒントが隠されている。

①準備周到型スピーチ・メーカー

私たちが公的な場所において人前で、スピーチや講演などを行う際は、準備と練習が必要である。オバマ大統領は、準備周到型のスピーチ・メーカーであり、また「ツー・ウェー・コミュニケーション」のスピーチで、聴衆を説得するという方法論も兼ね備えたコミュニケーターであることも特徴の1つである。

ただし、ギリシャ哲学や弁証術の伝統を受け継ぐ欧米の人びとの中にも、ふだん人前で行うスピーチに原稿が必要な人もいれば、原稿がないほうが自由にスピーチできるという人もいる。後者の特徴は、話の内容や時間の流れについて、スピーチを始める前にすべて頭の中にインプットされているという点にある。

その好例が、駐日米国大使を務め、名講演者としても知られた、歴史学者でハーバード大学名誉教授のエドウィン・O・ライシャワーである。同氏は、数行のアウトラインしか記載されていないメモ用紙に目を通しただけで、1時間にも及ぶ講演を流暢な語り口で淡々とおこない、時にはジョークも織り交ぜながら、わかりやすいスピーチをすることでも有名であった。ライシャワーの一番弟子であるアルバート・クレイグ教授は「ライシャワー先生は、原稿がないほうが楽なタイプのスピーカーであり、しかも立て板に水のごとく弁舌さわやかに講演できる偉大な恩師であり、言い換

えれば『グレート・スピーチ・メーカー』だった」と評している。余談ながらオバマ政権のブレーンにはライシャワー路線に関係する人物も数名いる。
②聴衆の心に訴える「実演型スタイル」
　自分の過去の体験などを実例として活用する「実演」で聴衆を魅了したのも一つの特徴である。
③コール・アンド・リスポンス
　聴衆との掛け合いでその場を盛り上げる「コール・アンド・リスポンス」を巧みに活用したこと。たとえば南カロライナ州にある教会の演説会場で、ある演説者が「元気を出して（Fired Up）」「さあ、行くわよ（Let's Go）」と威勢よくエールを送ると、観衆も同じフレーズを繰り返してフィードバックするというスタイルで、会場は一気に盛り上がったという。そこにヒントを得たオバマ氏は、各集会場で「コール・アンド・リスポンス」をとり入れた。
　これは、1960年代に「私に夢がある（I have a dream）」という名演説で有名なマーティン・ルーサー・キング牧師が使ったスタイルでもある。キング牧師は、公民権運動の大行進でワシントンに向かう途中、「いつになったら、人種差別のない平等な社会が到来するのか」──「How long?」という問いかけに対し、「近いうちにきっと来る」──「Not long」というフレーズを繰り返しながらデモンストレーションを展開し、人々の注目を集めた。その結果、1964年に公民権法が成立されたのである。
④イディオグラフィックな文体を使用
　「イディオグラフ」とは、直訳すれば「表意文字」のことで、たとえば、パーセントを「％」、ドルを「＄」で表現する手法である。つまり、短く覚えやすい言葉や文体を使用するため、聞いている側にはわかりやすく、パンチもあり、ビジュアライズできる表現術と言える。イディオグラフの特徴とは、内包するストーリーを瞬時に喚起させ、聞く側に反論の余地を与えないことである。

「実例：アメリカの統一（Unity）をイディオグラフとして使い強調」
　オバマ氏は11月4日の「勝利宣言」の中で、「民主主義の力を疑ったり

する人がまだいたらこう言いたい。今夜こそがその答えだと。若者と高齢者、富めるものと貧しい者、民主党員と共和党員、黒人と白人、ヒスパニック系、アジア系、アメリカ先住民族、同性愛者とそうでない人、障害者とそうでない人が出した答えだ。」(『朝日新聞』2009年11月6日）と述べている。

⑤「チャーチル・プローズ」の使用

　ショート・ワードを効果的にスピーチで使用したのは、イギリスのウィンストン・チャーチル首相である。これは、別名 Churchillian Prose と呼ばれている。独特の力強さやユーモアにあふれ、英語の発音やイントネーションに巧みに語呂を合わせたスタイルを使用し、多くの聴衆にスピーチのメインポイントを想起させるスタイルである。

⑥「サウンドバイト」の使用

　サウンドバイトとは、短い言葉の引用のことだが、オバマ氏は世代を超え、誰でも理解できる日常語を使用し、ストレートに語っていた。たとえば、「Change（変革）」など、短く、しかもインパクトのあるフレーズで話し手の主張を印象づける手法で国民にコミュニケートしたのである。とくに対句法の使い方もうまかった。対句法とは、たとえば「change」という言葉を効果的に繰り返し使うことの意味である。これは、リンカーン大統領が使用した「人民の、人民による、人民のための政治」と類似するスタイルである。

［1］「We Can Change, We Believe in Change, We Need Change!」

［2］「Yes, We Can.」の繰り返しが「合言葉」として定着。支持者もこのフレーズを繰り返し唱和し、会場の雰囲気を盛り上げた。2004年の民主党大会で基調講演を行った際には、「hope（希望）」という表現を合計11回も使用していたのが印象的であった。

⑦「ユー（You）メッセージ」の使用

　「アイ（I）メッセージ」ではなく、聴衆と同じ目線で使用する「ユー（You）メッセージ」のメッセージ伝達法が巧みである。たとえば、2008年11月4日のシカゴ大会では、次のような「ユー（You）メッセージ」で国民に語った。

But above all, I will never forget who this victory truly belongs to. It Belongs to You.（中略）This is YOUR VICTORY!

「今回の勝利は、特定の人物、組織のおかげではなく、皆さん（You）の協力によるものである」——つまり「皆さんの勝利でもある」と支持者とのタクタイル・コミュニケーション（タッチングのような接触型を中心としたコミュニケーション）を強調しているということである。

　本節の最後に、オバマ大統領の就任演説について考えてみたい。選挙演説中に幾度なく使用された「変革」というキーワードが、就任演説ではまったく使用されなかったことが特徴の一つに挙げられる。それに代わるキーワードとして使用されたのが「危機」であり、また「責任」「義務」「自己犠牲」「善良な人に対する公正な経済配当」「多様性」などの用語である。また「勇気」というキーワードは3度使用された。それらのフレーズをレトリックとして使い分けることで、変革には痛みも伴うことを国民に認識させ、国家再生に向けての協力を要請していたのが印象的であった。
　就任演説の前半では、アメリカの独立宣言を引用して「すべての人は平等で、自由であり、最大限の幸福を探求できる」ことの大切さを再認識するよう訴えた。そして後半では、ワシントン初代大統領の史実に触れ、建国者たちの精神的バックボーンになった『コモン・センス』の著者トーマス・ペインの言葉を引用し、危機に立ち向かうことを国民に呼びかけた。通訳者の武部恭枝は、演説にはトーマス・ペインを連想させる「共通（コモン）」という単語がちりばめられており、建国時代の自国の歴史に思いを馳せたのではないかと述べている。
　全般的には地味な演説といわれているが、現実を見据え、その内容は深く、国民や、他の国々と協調して船出をしようという意気込みが感じられた。自らが新しい平和の時代へ導く役割を担うと、アメリカ国民に呼びかけたのである。

2　オバマ大統領と多文化社会・多様性

アメリカの多様性を象徴

「1人のアフリカ系アメリカ人が、合衆国建国と同時にできた壁を打ち破りました」（NBCのブライアン・ウイリアムズ、2008年11月4日、*Hopes and Dreams* より）

「誇りに思う。米国の力は多様性からきている」（ダーナ・ウエルトン在札幌米国領事『北海道新聞』空知版、2009年3月17日）

　オバマ大統領は、44代目にして米国史上初のアフリカ系大統領である。就任演説では「私が受け継いだ多様性に感謝する」と強調していた。コーネル大学のポピー・マクラウド准教授は、オバマ大統領はハワイ生まれのアフロ・アメリカンで、インドネシアなどのアジア育ち、そしてハーバード・ロースクール卒という「アメリカの理想と理念」を体現した稀有な存在であり、歴史的な景気後退に直面するアメリカに希望を与えると指摘している。

　オバマ大統領は、ケニアからの留学生（ハワイ大学）でありイギリス英語を話すアフリカ人の父（フセイン・オンヤンゴ・オバマ）と、アメリカの中央にあるカンサス州生まれの白人の母（アン・ダナム）との間に、東西の文化が交差するハワイで生まれた。バラクとは「祝福」という意味のアフリカ系の名前である。

　しかし、父親がハーバード大学に留学し、両親が離婚。母はインドネシア人と再婚し、6歳だったオバマ氏は、ジャカルタでイスラム教の友達と遊んだりして多文化を実体験する。しかし、イスラムの礼拝には参加せず、ムスリムでないことを断言し、自分がアメリカ人であることを意識する。その後、高校へ入学するため、祖父の住むハワイに1人で戻ることになる。オバマ氏が少年時代を過ごしたハワイは多様なポリクロニックな民族—たとえば日系や中国系、白人や黒人、現地の人—が共に暮らす多様な島々で成り立つ「多文化社会」であった。

上記のような履歴のためか、オバマ氏は「多文化アイデンティティ」の持ち主である。その気質は、黒人系であり、白人系でもあることである。オバマ氏がハワイの高校時代、バスケットボールで白人と黒人の友人グループができた。しかし、家に帰って夕食の用意をする祖父スタンレー・ダナムの手伝いをしながら「自分の中の黒人の世界と白人の世界の間を行ったり来たりしていた」と、自叙伝で述べている。

ポリクロニックな寛容さ

　オバマ氏の文化の多様性に対する寛容度は、ポリクロニック文化圏のハワイ、インドネシア、アメリカのカリフォルニア州とイリノイ州シカゴ、それにマサチューセッツ州のケンブリッジという、さまざまな文化での生活を通して培われたものである。

　アメリカ国民は、ケニア出身の父親とアメリカのカンザス州出身の母親を持ち「多様性」を体現するオバマ大統領に、変革の期待を託した。アフロ・アメリカンのみならず、ヒスパニック系やアジア系などのマイノリティのほか、多くの白人の支持者も集め、アメリカの威信回復と国内の融和にも取り組む決意を表明したことは、我々の記憶に新しい。

　またオバマ大統領は就任演説において、アメリカの多様性を「パッチワーク」という表現で強調した。これは、多様な文化で育った自分自身の生い立ちを比喩的に述べたものである。

> We know that our patchwork heritage is a strength, not a weakness. We are nation of Christians and Muslims, Jews and Hindus, and nonbelievers. We are shaperd by every language and culture, drawn from every end of this Earth.
> 我々が持つ多様性という遺産。これは強みであって弱みではない。我々の国、すわなちアメリカは、キリスト教とイスラム教徒はむろん、ユダヤ教徒とヒンズー教徒と無宗教者達から成りたっている。わが国は、世界中の多様で、さまざまな言語や文化で形成されているのである。

その上で、過去に人種差別などの苦い経験を味わったこともあるからこそ、アメリカは対立を乗り越え、多様な人々が共存できることをどの国よりも知っている「多文化社会」であることを強調した。新政権のスタッフをみてもわかるように、人種や民族、党派をこえた人選を行なったことはオバマ大統領の信条の1つでもある。

　大統領就任式のステージは、キング牧師が「I have a dream!」と題した名スピーチを行ったのと同じワシントンであった。黒人の悲惨な歴史を乗り越えて「アメリカン・ドリーム」を体現したオバマ大統領は、アメリカ国民のみならず、多くの多文化社会と世界の人びとに希望を与えている。

第4章　日本における国際交流の流れとマルチカルチャー認識度

　次に、日本の現代にみる国際交流の移り変わりについて、多文化の受容（受け入れ）の諸問題点を明らかにしながら、解決法も含めて考えてみたい。
　日本に国際交流のブームが始まったのは1970年以降である。札幌国際プラザの関係資料を見ると、全国レベルで国際化協会の立ち上げが始まったのが1980年後半であり、地域の国際化を推進するバラエティに富んだ事業が展開されていったという。当時は「3F」ワード—「フード」「ファッション」「フェスティバル」—に象徴される「友好的なイベント」が主流であった。それにともなって、姉妹都市の提携、ホームステイ・プログラムが拡大していく。その後、アジアからの留学生の数が増えると同時に中南米や中近東などから外国人労働者の人口が増えはじめたのである。
　ところが、1990年になると「3F」ワードの特徴だった「友好的イベント」から一転して「理解・協創的・共存型イベント」へと変わっていくのである。

1　国際交流の現状と課題

国際的人口移動と日本における受け入れ

　「国際的人口移動」は、労働力不足や嫁不足に悩む、日本の「地方」とよばれるリモート地域にとって魅力のある解決策として歓迎された。しかし、それは新たな多文化コミュニケーションの課題を地域社会にもたらすことになった。
　国連の『世界人口白書』によれば、2000年から2005年の期間に、先進国でみられた人口増加の4分の3は、移民や移住者によるものであるという報告がある。多くの先進国では、外国からの移住者を受け入れることで、社会の基盤（インフラストラクチャー）となる産業が支えられ、経済も発展し、結果的には国際競争力もつくと考えられている。現在、日本には

200万人以上の外国人労働者が暮らしているが、多くの人びとが、低生産性の分野の仕事に携わっている。今後は、IT産業や分野など高度な技術を要する分野での人材の受け入れが必要となってくるため、政府も規制緩和を推し進めている。

　外国からの移住者の受け入れに対しては、慎重論や反対論が多いようである。反対の理由の1つめに、ほとんどの人々が犯罪の増加に結びつくことを挙げている。2つめには、日本の社会や自治体における統一された受け入れ態勢が十分に整っていないこと。3つめには、対人コミュニケーション問題、すなわち日本の人びとが外国や異文化から来た人びととの付き合い方に慣れていないため、一種のとまどいや拒否反応を示す傾向があるということが挙がっている。

　たとえば日本人の中には、言葉が通じないのではないか、またどのような反応が返ってくるか予測しにくいという「心理的な不安要素」を持っている人が多い。同じ日本人同士でも、面識のない人には声をかけない場合が多いが、相手が外国人の場合は、なおさら躊躇するであろうことは想像に難くない。

課題と解決方法

　これらの課題は克服できないわけではない。

　近年（特に1980年以後）では、アジアからの留学生も増えており、日本語に堪能な若者が多い。日本語を通した異文化コミュニケーションを営む機会が増えているため、外国の人と交流する頻度は高くなっている。たとえば、2000年に実施された「内閣世論調査」（内閣府大臣官房政府広報室「外国人労働者問題に関する世論調査」）を見てみると、①「家族ぐるみで親しく付き合っている人がいる」、「個人的なことについて相談できる」、「世間話などをする人がいる」が4.6パーセントで、②「あいさつをする程度」が5.0パーセントであった。また集住地域の調査では、①9.6パーセント、②19.0パーセントという結果が報告されている。

　日本の各地域における外国人住民の増加は、日本の住民と外国や異文化からの住民との異文化コンタクトをもたらし、接点や交流のチャンスが増

えると見なされている（財団法人公共政策調査会『来日外国人労働者の社会不適応状況に関する調査』、小内透＆酒井恵真編『日系ブラジル人の定住化と地域社会』）。

　国際交流とは、異文化を受け入れることで社会を豊かにするという構想が根幹にあるが、その視点に立つと、外国人の受け入れは経済面での効果だけでなく、異文化を取り込むことで、地域の活性化にもつながるのである。

　日本においても、今後、さまざまな文化的バックグラウンドや文化的価値を持つ異文化からの人と仕事をしたり、何かを共に運営したりプロジェクトを進めたりする機会が増えることになるわけであるが、いかなる心構えや接し方、技能（スキル）や素養が必要なのであろうか？「備えあれば憂いなし」という諺があるが、異文化の人びとの接し方、すなわちコミュニケーション能力が必要となってくる。

　海外生活経験者の場合、異文化の体験を通して自らの文化習慣や価値観を絶対視する意識から解放され、文化の習慣や価値観を相対比する姿勢を身につけているため、それによって文化システムや文化習慣の違いを困難な障害とは感じないという。

　未知の国に飛び込む人にとって、なじみのない文化や環境で自身の力を最大限に発揮し、現地の習慣に適応することは容易ではない。自分のやり方に固執せず、新しい方法も積極的に取り入れる姿勢も必要である。

　次節では、ケース・スタディの１例として、北海道日本ハムファイターズの監督を務めたトレイ・ヒルマン監督を、多文化間コミュニケーターの視点からとりあげてみたい。

2　ベースボールと野球〜ヒルマン監督と日米野球文化〜

　2007年、それまで弱小チームといわれた北海道日本ハムファイターズを日本一のチームに変身させたのが、トレイ・ヒルマン監督である。千葉ロッテマリーンズで指揮をとったボビー・バレンタイン監督は、弱小チームにアメリカ流の「楽しもう精神」を持ち込んで優勝を掴んだ。しかしヒルマン監督は、それとは180度違う方法で、ファイターズを２年連続のリー

グ優勝、それに１度の日本一に輝かせたのである。
　ヒルマン監督は、日本滞在中の５年間、アメリカの野球文化の哲学である「ビッグインニング」（ヒットと四球でランナーをためて、大量点をかせぐ）という方式を捨てたという。
　日本ハムファイターズが東京から北海道に移転したときにはＢクラスの弱小チームというレッテルが貼られており、新天地でＡクラス入りするには、数年から10年はかかるだろうと囁かれていた。というのは、攻撃面で優れたチームではないことはファンも十分承知していたからである。実際、移転後の５年間、すべての分野においてチームは下位に低迷した。それでは、ヒルマン監督は勝利を収めるために、どんな戦略を打ち出したのだろうか。それについて、日米間の組織内コミュニケーションと多文化理解の視点で分析してみよう。
　まず、チームの結束と士気を高めるために、テキサスにある自宅にコーチ陣を招いて団結式を行った。日本の集団では「同じ釜の飯を食った仲」という表現をよく耳にするだろう。そこでヒルマン監督は、同じ屋根の下で寝食を共にし、結束を高め一丸となって、新しいチームをつくりあげるという日本型戦略を採用したのである。
　次に、試合と組織内コミュニケーションの円滑化や効率化を図るため、新戦略を用いた。分析してみると以下の点が浮かび上がる。

①コーチなどもコンピューターを使用して各球団の選手（交流戦を視野に入れた、パ・リーグとセ・リーグの全球団）のデータを集め分析した。
②投手力と守備力の強化と、多くのバント（犠打）を活用した。
③先発投手に完投させず、たとえば７回まで投げさせて抑えの投手にバトンタッチさせる、「ヒルマン流」と言われた勝利の方程式を活用した。
④ランナーが１塁に出塁すると、すかさずバントで２塁に送り、ヒットで手堅く１点をとる戦略（有力選手が他球団に移った後も、この戦略を維持し続けた）をとった。
⑤彼は「ベースボール」から「野球に最初の転向したアメリカ人と称された」（R・ホワイトニング『サクラと星条旗』）。なお、ヒルマン監督が

日本において採用した戦略の中で争点となったのが、日本の野球文化では当たり前のコンセプトである「ガンバリズム」（一生懸命、歯を食いしばって頑張る）の使用であった。キャンプ中、たとえば、選手の体力づくりにヒルマン監督は新メニューを加えた。また、優しさをにじませながら父親のごとく、あるいは面倒見のよいボスのように、時間をかけてコーチや選手と親密な関係を築き上げ、最終的には「この監督のために一生懸命頑張ろう」という気にさせる。

⑥選手同士の交流と組織内コミュニケーションを円滑にするため、札幌ドーム球場内に自費で卓球台を購入し、選手同士のラポート（rapport 心の絆、一体感）を促進させた。

⑦日本の選手とコミュニケーションを図るため、音楽や歌を通して日本語の勉強に余念がなかった（彼は音楽に精通しており、ギタリストでもある）。

⑧多文化のバックグランドを持つ選手を起用した（たとえばダルビッシュ、マイケル中村、グリーン、スレッジ他）。

⑨ファンを味方につける「ファンサービス」の重視。就任の初年度に開催された「サイン会」に集まったファンの数は、わずか6名であった。が、ファイターズが日本一に輝いた年のサイン会には2千人以上ものファンが集まった。ファンサービスの点において、他球団の監督と比較した場合、雲泥の差があった。優勝時の監督のお立ち台での「信じられない！」「北海道のファンは世界でイチバンです！」は、今後も語り継がれる名言である。

以下が、ファン思いのヒルマン監督から、日本シリーズ前日の2007年10月25日に札幌大学で主催した「ありがとうヒルマン監督コンサート！」に届いたメッセージである。

Thanks so much. — This has been a hectic but oh so fun ride. Time to try to finish this off right here in Japan and get on to the next chapter of our lives in baseball. Thanks for always keeping up and following the old Hillman clan. The fans here in Hokkaido are the best in the world —

thanks — to all of you for all your support — Go Fighters!!!!

Blessings — Trey Hillman

皆様のおかげで、慌ただしくも、興奮するような日々を送っています。ちょうど今、日本での総仕上げの時期を迎えていますが、この後、自分の野球人生における次のステージに進むつもりです。これまで、わたしやファイターズの選手たちを応援していただき、心から感謝しています。『ここ北海道のファンは、世界でイチバンです!!』頑張れファイターズ！　皆さん、本当にありがとう！

トレイ・ヒルマン

（小笠原はるの訳）

「ファンの後押しで、優勝できました」(It is people like you that give us all more energy for our jobs. Thanks so much.) の言葉を残し、ファンに惜しまれつつアメリカに旅立ったヒルマン監督のうしろ姿が印象的であった。

ヒルマン監督は2008年からカンザスシティ・ロイヤルズで指揮を執ることになった。監督がロイヤルズ（また他球団）に移っても、日本で学んだ戦略や教訓を当てはめることは確かである。多文化間コミュニケーターとしてのヒルマン監督の今後の活躍を祈りたい。

3　多文化コミュニケーター度チェック・リスト

多文化コミュニケーターとは？

　ヒルマン監督を例に出したが、多文化コミュニケーターとは、文化の違いに直面しても引き下がることなく、一歩踏み込んで適応する姿勢を持ち、対人関係スキルを駆使し、文化間で現実に起こっている（起きつつある）問題を「ヘリコプター原則」に基づいて解決を試みる人のことである。「ヘリコプター原則」とは、カナダのガレス・モーガンが使用した言葉で、ヘリコプターのように責任領域を飛び回り、うまくいかない場合は、さっと降りて問題を修正するが、それ以外の時間は離れたところに待機している、忍者のようなコミュニケーターのことをいう。

急激で、複雑な変化の波にさらされたときに、個々の部分より全体像にフォーカスを当て、モノよりも大切な人間関係、組織・文化間の関係を保つことのできる多文化コミュニケーターを世界は望んでいる。本節では、それに関連する「多文化コミュニケーター度」について触れてみたい。

　多文化コミュニケーター度には、単なる異文化コミュニケーションのスキルだけでなく、人びとの心の深層に潜む、自分では気づいていない国際化を妨げる「意識度」なども含まれる。たとえば、文化に序列をつけない「文化相対主義」の体験度リストや「職場における慣習と異文化感受性度」なども用意されている。また、所属する集団によって相手を判断しがちな日本人の心的な態度である「国籍意識」なども、多文化とのコミュニケーションを営む際の障壁になるため、設問に加えられている。ふだん、国際派を自任する人も、以下のチェックリストで自分の多文化コミュニケーションの意外な一面を発見することもあるだろう。

　真の多文化コミュニケーターとして、どんな人物をめざせばよいのか。多文化コミュニケーターとは、人種や民族に対する偏見が少なく、文化の多様性を認め、異文化の境界を超えることができる「超境型」であり、外に開かれたオープン・マインドの持ち主で、タフで粘り強く、テンダー・マインドを兼ね備えた人物のことだと言える。

　以下では、読者の日頃の生活行動やコミュニケーション行動から6つの軸を基に多文化コミュニケーション力を計ってみよう。各質問に対する選択肢から、日頃の自分の考えや行動に「あえて最も近いもの」を1つ選んで、次のページの採点方法に従って合計点を出して頂きたい。

文化の相対度
(1)　外国の人が面接に来た際、面接官であるあなたの前で足を組みながら志望動機などについて話し始めた際、どう感じますか？
　　A　無礼な人物だと思う。
　　B　特に欧米などでは、面接を受ける際、足を組みながら話す習慣があるので失礼ではないことは知ってはいるが、どうも好感が持てない態度だと思う。

C　それぞれの文化には、それぞれのルールとマナーがあるので、別に何とも思わない。

(2)　テレビなどを見ていて、皿の上のカレー料理のご飯を手で食べている文化の人びとを見ていると、どういう感じがしますか？
　　A　野蛮な連中だと思う。
　　B　自分はそんな食べ方はしたくないが、彼らには彼らの文化があると思う。
　　C　自分も一度、試してみようと思う。

(3)　スポーツの国際試合で、どこのチームを応援しますか？
　　A　必ず日本チームを応援する。
　　B　いつも応援する外国チームがある。
　　C　組み合わせによって、日本チームを応援したり、外国チームを応援したりする。

(4)　電車やバスに乗っていて、外国人と思われる人が乗り込んできた時、どんな反応をしますか？
　　A　好奇心からジロジロ見る。
　　B　あれっと思うが、なるべく視線を動かさないで、目の片隅で見る。
　　C　特別の反応はしない。

職場における慣習と異文化感受性度
(1)　あなたが所属している組織が、国際化の度合を強めていくことになったとき、個々の局面で個人対個人という交渉が多くなってきたとする。また今後こうしたヒューマン・パワーが国際的な決め手となるので対策が必要になる。あなたがトップの人なら、外国への留学体験者の採用や、国内外の教育機関、提携先外国企業への社員の派遣の必要性についてどう思いますか？
　　A　その必要はない。

  B 必要かもしれないので関係者と相談してから答えを出す。
  C 大いに必要なので行動を起こす。

(2) 職場に英語で電話がかかってきたとします。どう対応しますか？
  A 何も答えないで、電話を片手に英語のできそうな人を探す。
  B 片言英語でも一応対応して、話が込み入っていれば、英語の達者な人に引きついでもらう。
  C 自分1人でどんな会話でも対応できる。

(3) 海外発の媒体から、どの程度外国の情報を収集していますか？
  A 全然していない。
  B 英語の新聞・雑誌やテレビの英語放送から情報を集めている。
  C 英語だけではなく、それ以外の言語の媒体からも収集している。

(4) 会社で自分が担当し売っている製品が、外国で公害などの被害を及ぼすことがはっきりしたのに、会社はその製品を売り続けようとした場合、あなたはどうしますか？
  A 会社の儲や利益が第一だから、内心快くなくても、売り続けるしかない。
  B 販売をやめることを、1、2度上司に進言してみる。
  C 積極的な代案を作り、抵抗する。

外国語に対する平衡感覚

(1) 東京で方言を使う地方出身の人を見て、どういう感じがしますか？
  A 全面的に共通語に切り替えるよう努力すべきだ。
  B お国なまりは仕方ないが、語彙や表現は、共通語を使うべきだ。
  C 日本語の多様性を認めて、大いに奨励すべきだ。

(2) アジア系の人が発音で英米人と違う、たとえば、なまりのある発音の英語を話すのを聞いて、どう感じますか？

A　汚い発音の英語だから、矯正すべきだと思う。
　　B　アジア人がそういう英語を使うのは自由だが、英米語の発音の方が優れていると思う。
　　C　世界には、さまざまな発音の英語があるのは当然で、その間には優劣はない。

(3)　英語は世界の共通語として使われていることをどう思うか？
　　A　日本語を世界の標準語にすべきだ。
　　B　英語の達人になるべきだ。
　　C　英語が共通語であることは、世界の力関係の反映であることを認識して、そのうえで対処すべきだ。

(4)　日本語の中に英語（外国語）を混ぜて話すような習慣はありますか？
　　A　なるべくそうしている。
　　B　とくに意識はしていないが、英語（外国語）が混じりがちになっている気がする。
　　C　正確な日本語を使うために、意識して英語（外国語）を混合させないようにしている。

外国の異文化における学習能力
(1)　海外旅行に出かけるとすれば、どういう方式を選びますか？
　　A　旅行会社が募集しているグループのパッケージ旅行を選ぶ。
　　B　自分で計画は作成するが、事前の予約はすべて旅行会社に頼む。
　　C　飛行機の予約などは、ある程度前もって自分で準備するが、目的地に着いたら気ままな旅行を楽しむ。

(2)　外国に旅行したとき、どういうものに一番関心を持ちますか？
　　A　ブランド品などのおみやげ。
　　B　名所や遺跡や旧跡。
　　C　その土地の人びとの生活様式や物の考え方。

(3) 外国へ派遣された場合、現地に日本人学校があれば、自分の子供を現地校に入れますか？
   A　必ず日本人学校に入れる。
   B　先進国なら現地校でもよい。
   C　まず第一に現地校に入れる可能性を探る。

(4) 外国で生活するとき、現地のどういう人と付き合いたいと思いますか？
   A　仕事に関係のある人たちに限る。
   B　中流階層以上の人たちと付き合う。
   C　いろいろな階層の人たちとの付き合いを意識的に行う。

異文化交流能力
(1) 街頭で外国の人に自分が理解できない外国語で助けを求められたら、どうしますか？
   A　答えずに逃げ出す。
   B　コミュニケーションを、はかって助けるように努力はするが、あまり時間を割く気はない。
   C　身ぶりやジェスチャーを使って、ある程度時間がかかってもコミュニケーションをはかり助力する。

(2) 外国の人を数週間宿泊させてほしいとの依頼があり、あなたの家に部屋の余裕があった場合、どのように対応しますか？
   A　外国の人なら断る。
   B　国籍や人種による。
   C　いかなる国籍や人種に関係なく歓迎する。

(3) 外国のテレビ会社から、日本の事情通として、英語またはその国の言葉でディスカッションに参加してもらいたいとの要請があった場合、どう答えますか？
   A　外国語でディスカッションに耐えられる自信がないので断る。

B　自分は無理だが、適当な日本の人を探すよう努力する。
　　C　引き受ける。

(4)　住宅難、通勤地獄、受験戦争など、日本社会の問題点を異文化の人に指摘されると、どんな気分になりますか？
　　A　そういうことを指摘する人に対して、無性にハラがたつ。
　　B　そういう問題は恥ずかしいことだとは思うが、なるべく話題として触れたくない。
　　C　正直に問題の所在を認め、その原因や影響について喜んで討論することが、異文化理解や国際理解を深めると思う。

国籍意識の自由度
(1)　あなたと外国の人との結婚話が出た場合、どう対応しますか？
　　A　外国の人とは結婚しない。
　　B　相手の国籍や人種による。
　　C　価値観などが合えば結婚する。

(2)　日本生まれ日本育ちの外国籍の永住者が、近所の学校の正規の先生になったとしたら、あなたはどんな感じを持ちますか？
　　A　先生はすべて日本人に限るべきだ。
　　B　その先生の国籍による。
　　C　先生の国籍や人種には関係ない。

(3)　日本国籍を捨てて、外国の国籍を獲得した日本人に出会った場合、どんな反応をしますか？
　　A　日本に対する裏切り者であるから許せない。
　　B　なぜそういうことをしたのか理解しにくい。
　　C　その人の選択の結果であり、1つの人生のあり方だと思う。

(4)　戸籍制度が世界でも珍しい制度で、日本および、その周辺国だけにし

か存在しないということを考えたことがありますか？
A　そんなことは初耳だ。
B　事実としては知っているが、問題として考えたことはない。
C　このことが日本人の国家観や国籍意識と関係していると、常日頃から思っている。

※以上の設問は、日本交渉学会2007年研究会資料に拠る。加藤秀俊他『日本人の外交感覚　隣人づきあいから政府外交まで』（世界文化社、1992年）、杉本良夫（『日本人をやめる方法』所収、ほんの木、1990年）などを参考に、多文化コミュニケーター度などをチェックするため作成。

採点方法
　選択肢のAを0点、Bを3点、Cを5点とし、各項目の合計点数を下のグラフに当てて、線で結んで下さい。六角形の描き方により、読者の6つの度合いのバランスがわかります。さらに6つの項目の点数を加算した総合点で、多文化コミュニケーター度をチェックして下さい。

総合点でみるあなたの多文化コミュニケーター度
　採点結果から、次のように多文化コミュニケーター度がわかる。

120〜80点
「文化の境界線を自由に超えられるジオセントリック型多文化コミュニケーター」
　国籍や国益にとらわれず、偏見も少なく自由に判断ができる超境型人間に近い人である。また、言語や文化の異なる同僚やスタッフと共に国境をまたいで仕事が行えるタイプ。あなたは、自文化の異文化交流を推進する役割が期待されている。真の多文化コミュニケーターになるためには、自分の国の社会や文化を深く理解していることが必要である。自国についての知識を蓄えることも怠らず。

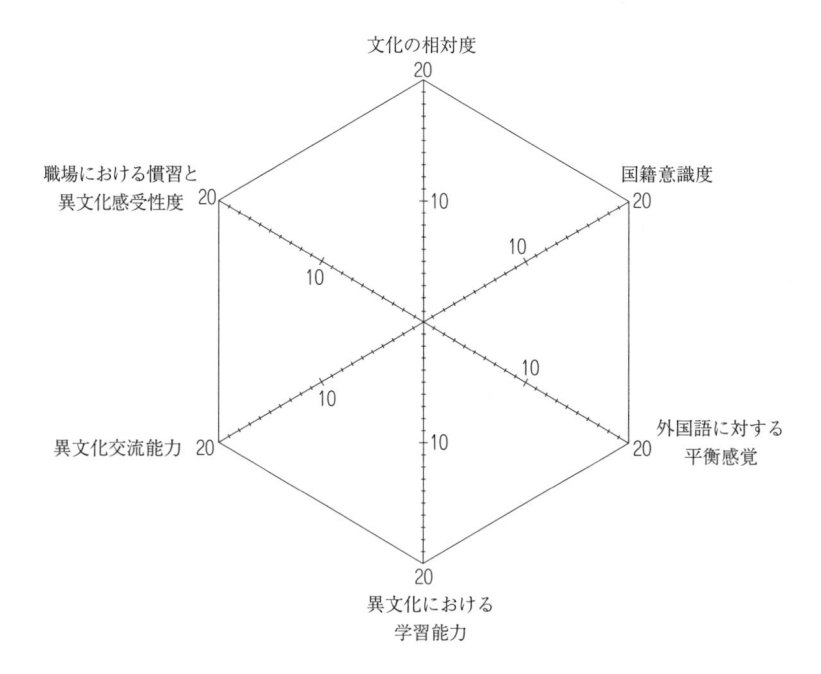

```
              文化の相対度
                 20
職場における慣習と           国籍意識度
異文化感受性度 20          20
                 10
           10       10

       10              10
異文化交流能力 20          20 外国語に対する
           10       10    平衡感覚
                 10
                 20
              異文化における
                学習能力
```

79〜40点
「疑似ボーダレス人型多文化コミュニケーター」
　表面的には、多文化を理解しているが、深層意識にはまだ心理的な障壁が残っている。序列意識や差別意識、外国志向による視野の狭さなどが、あなたの多文化理解を妨げていると思われる。日本にいても、多様なサブカルチャーや差別問題に関心を向ければ、意識の多文化理解や国際化はその簡単な応用問題に過ぎない。

39〜0点
「自分の文化にたてこもるシェル（貝殻）型人間」
　非常に閉鎖的な感覚の持ち主である。あなたの普通の生活を維持するために、今後ますます異文化や多文化の人の力が必要になることに気づいていないので危機的な状況にある人である。自文化至上主義やマインドセットの殻を破るために、まずは興味のもてる国の文化について勉強し、公平

な比較思考を培うことから始めることを薦めたい。

　最後にアドバイスとして次のことを紹介したい。情報は雑音から生まれるという説がある。異文化が接触したり交流すると摩擦が生じ、必ず雑音となる。その内の99パーセントは役に立たないが、残りの1パーセントが、ときには貴重な付加価値となり、またヒット商品や先端技術の種になるという。

　つまり、同質な人材をそろえても、業績向上につながるインフォメーションは生まれない。よって、国内外を問わず、多文化のバックグラウンドをもつ人と付き合うことを薦めたい。たとえば、同じサークルや組織のグループ、また同じ職業の人とだけ、仕事の後も飲み会に行ってばかりの人の生活には落差がなく、情報の生産性も上がらない。現代は、異業種から多業種間交流の時代へとベクトルが移行している時代であることを認識する必要がある。

第5章　記号言語圏〜言語と文化とコミュニケーションの関係〜

　文化人類学者のクライド・クラックホーンは、言葉と文化の関係について、著書『Mirror for Men』(1949) の中で「文化人類学者にとって、言葉（言語）は他の人間のアクションや行動、物の考え方（思考）と興味深い関係を持つ文化的行動の1つである。また、ある文化の単語（語彙）を分析してみると、その文化が何に重点を置いているかが分かる。アラビア語には、ラクダ、ラクダの体の部分、ラクダの用具について6千以上の言葉がある」と述べている。端的に言えば、「言葉は、その文化の産物であり、文化は言葉の鏡でもある」ということである。

1　文化のエーミックとエティック

エーミックとエティック

　続けて、言葉と文化の関係を、言語学者K・パイクの「エーミック」と「エティック」理論の視点から見てみよう。
　エーミックとは、各文化には特有の言葉の組み合わせや表現があり、人々はそれらを自覚しないままに使い分けて物事や事象を描写し、それらに基づいて生活を営んでいるということである。一方、特有の文化のフレームではなく、個々の文化現象を世界共通・普遍的な尺度でみるのがエティックである。
　たとえば、目隠しをした3人に象の一部分に触ってもらい、象とはどんな動物かを当ててもらうという「象の話」がある。1人目は、象の鼻に触って「象とは長い動物」と答え、2人目は、象の足を触って「象は、ごわごわしていて太い動物」と答えた。そして3人目は、象の背中に乗って「象とは平らな椅子のような動物だ」と答えた、というものである。
　3つの答えは、どれも間違いではない。しかし、3人とも象の部分的な特殊性について答えている。これがエーミックの視点であり、世界共通の

見方、つまり象の全体像（本質）——つまりエティックのフレームワークで観ていないということになる。

厳密に言えば、みかんはオレンジではないという説が多い。つまり種類からすれば、オレンジは主にフロリダ州それにバレンシアなどで栽培され市場で売られている「オレンジ（orange）」のことで、「みかん」は英語のタンジェリン（tangerine）に近い。近年、日本の「温州みかん」や「薩摩みかん」などは、欧米のスーパーマーケットや八百屋さんでは「Unshu」や「Satsuma」と呼ばれて売られている。これがエティックの見方である。

その反面、オレンジ（orange）がアメリカやバレンシアという文化圏の中で果たす役わりや機能と、それと同等の日本における役わりと機能を考えると、「みかん」という言葉にした方が、しっくりし、ピーンとくる表現である。これがエーミックの見方である。

2　ことばとコミュニケーションのキーワードとコンセプト

「コミュニケーション」Communication

「コミュニケーション」とはラテン語のcommunisに由来することばで「共同の、共有の、共通の」という意味をもつ。またコミュニケーションとは、キリスト教の語源の元の意味によれば、神が信者と神秘的で、かつ霊的な交流を意味する「神聖なことば」のことである。

多くの宗教において「ことばの魔法」の機能が存在する。ローマカトリック教の「全質変化」とプロテスタント（清教徒）の「聖体共存」との違いは、ことばの機能に対する見方の違いである。つまり、パンとブドウ酒がキリストの肉体と「血になる」のか、それとも、パンとブドウ酒は、キリストの肉体と「血を象徴する」のかの違いに過ぎない。

よく用いられる例であるが、キリスト教には「コミュニオン」という儀式がある。「コミュニオン」とは、イエス・キリストが十字架に、はりつけにされる前夜の「最後の晩餐」の席で、パンとブドウ酒をとり「これがわが身体なり、わが血なり」ということばを残した。その後、イエス・キリストの肉体と血を表すパンとブドウ酒を会衆につかわすというコミュニオンという儀式が生まれたのである。そのため、コミュニオンとコミュニ

ケーションとは同義の「神聖なことば」と考えられている。

　また、ユダヤ・キリスト教文化においては、「ロゴス」(logos) =「ことば」によるコミュニケーションは、これをできるだけ最大限にするという特徴がある。つまり、コミュニケーション手段としての「ことば」に対する信頼性と関心度が伝統的に高い。新約聖書のキング・ジェームス・バージョンは「はじめにことばありき、ことばは神とともにあり、ことばは神なりき」の書き出しとなっている。欧米文化で「対話」と言えば、「ことば」における交わし合いや説得術（persuasion）のことをいう。しかも、自分の思いを徹底的に言語化（verbalize）することが欧米の重要な文化的要素（美徳）となっており重要視されている。

　他方、日本文化においては、「言挙(ことあげ)しない」という伝統が残っている。例えば、禅宗でいう「不立文字(ふりゅうもんじ)」が伝統的に美学であり、沈黙と推量の倫理学を発達させた。以前、「男は黙ってサッポロ・ビール」という広告フレーズが一つの流行語ともなった。

　「コミュニケーション」と聞けば、日本ではとかく「心と心の通じ合い」や「お互いの意志伝達」と思われがちである。つまり、話し手と聞き手の間に感情的な「相互理解」が成り立てば、コミュニケーションが成立したと考えられがちである。しかし、コミュニケーションを少し専門的に見てみると、必ずしもそうではない。コミュニケーションとは相手の態度を変化させ行動を起こさせることに目的があり、その規定は例えば次のようにも示される。

A.「コミュニケーションとは、相手に行動を促すための道具である。」
B.「コミュニケーションとは、物事の事実や真実を証明するための手段である。」（なお、これら二つは、元来レトリックといわれてきたものである。）

　次に、コミュニケーションの定義を収集し要約すれば以下の3点になる。

1.「コミュニケーションとは、シンボルやサイン、すなわち言葉や物などの記号を使用し、意味付けを行い意志伝達を図るプロセスである。」（なおシンボルとは、言語に代表される「記号」のことである。我々が話し

をする時には、「言葉」という「記号」を使って情報を交換するのである。自分の伝えたいメッセージを言語化することは、記号化の一例である。また、本書で取り扱っているノンバーバルな「非言語行動」もシンボルである。例えば、公式の披露宴などにジーパンでなはく正装して出席することは、相手に敬意を示すための非言語メッセージの「記号化」であり、話し言語以上にパワフルな記号となる。)

2．「コミュニケーションとは、2人（または、それ以上）の共同作業であり、互いのメッセージではなく、意図している意味を見出す行為である。」

3．「コミュニケーションとは、人々が一定のコンテクスト（状況）においてメッセージの伝達と解釈をめぐり、影響し合う動的プロセスである。」

以上とは別に、次のような定義も存在する。

a) J. フィスクは、記号論の視点から「コミュニケーションの根本は、意味（meaning）の生産と交換である」と指摘する。

b) ダンス、ラースンや岡部朗一は「レトリック・セオリー」を紹介している。「(レトリック説では) コミュニケーションの話し手、聞き手、コンテクスト（状況）、目的という外的要素と構想、構成、修辞、記憶、所作という古典的レトリックの5つの規範に相当する内的要素で構成されているという想定によるもの」と定義している。

c) その他としては、ニーレンバーグとカレロはコミュニケーションを「ゲーム」に喩えて、プレーヤー、ルール、勝利という用語を使用し "Communication as a game" と見る方法と、コミュニケーションを「ドラマ」として見る "Communication as a drama" それにコミュニケーションを「機械」に喩えて "Communication as a machine" があることを「メタ・トーク」の中で述べている。ただし、両氏はコミュニケーションの参加者がコミュニケーションを「ゲーム」として受け止め、勝ち負けを意識しだすと効率のよいイフェクティブなコミュニケーションは、行われなくなることも指摘している。

d) シャノンとウィーバーは、1949年に「コミュニケーション」を「情報

第5章　記号言語圏〜言語と文化とコミュニケーションの関係〜　71

源」→「メッセージ」→「受信者」という「伝達モデル」を使用し「コミュニケーションとは、伝達することを中心とした情報源」（人間の意志伝達のプロセスを発信者から受信者にメッセージを伝える）という視点からとらえるコミュニケーションの見方を提唱した。（なお外交や軍事分野において、アウトサイダーには理解が困難な秘密情報を伝えるために発案された「記号解読学」なども、シャノンとウィーバーの伝達モデルを形成する上で大きな影響を与えたといえる。）しかし、この見方に対して、人間の対面関係（face-to-face interaction）から意志伝達を捉えるコミュニケーションの見方（human communication）が、1960年代から盛んになった。1960年代のアメリカにおける進歩的な政治的な社会革命などがコミュニケーション研究に大きな影響を与えたことも事実である。なお、コミュニケーションを行うことと、コミュニケーションを成功させることとは別問題であることも明記しておきたい。

　特に、近年ITという情報技術の登場で、人と人との面と向かっての「フェイス・トゥー・フェイス・コミュニケーション（直接対話）」の数が減り、人と人との関わり方も希薄になってきている。人間関係のわずらわしさを避けながら、携帯やパソコンやIPadなどの画面上で、やりとりができる便利さもあってメールによるコミュニケーションの「とりこ」になっている人が増えている。このままでは、人と直接「フェイス・トゥー・フェイス・コミュニケーション」することが下手で苦手という人が増えてしまう。まずは、次に扱う人に挨拶や話しかける「ファティック・コミュニオン」（交感言語）から始め、人と人とのつながりや円滑な対人関係を強化してみてはどうか？

「ファティック・コミュニオン」（交感言語）Phatic Communion

「ファティック・コミュニオン」とは、別名「ファティック・コミュニケーション」とも呼ばれ、「きっかけ作りのことば」とも呼べる。
　しかし、一般的には、「交感言語」（又は、交際言語）と訳されている。B. K. マリノスキーの影響を受けたミシガン大学の言語学者であったS.

I.ハヤカワ（カナダ生まれの日系の言語学者で、サンフランシスコ州立大学学長と米上院議員も務めた。）が普及させた言葉である。同氏によれば天候や健康についてのさりげない挨拶の言葉や社交上や儀礼上の近づきの「決まり文句」などをいう。そのような場面で交わされる言葉は、言葉との本来の意味とは無関係な働きをする。

「ファティック・コミュニオン」は、いわば「対人コミュニケーション」の潤滑油の役目を果たすものである。また、交際を円滑にするための、すなわち社会的な連帯関係を維持するために社交的に使用される。

例えばGood Morning.（お早うございます。）How are you?（こんにちわ。）、Nice day, isn't it?（いい天気ですね。）のような交感言語は、文化は違っても社会における、決まり文句、または儀礼のために用いられる。その「ことば」の意味と無関係な一種の親交のはたらきをしている。最初に決まり文句の交換があってこそ、お互いにつぎつぎと「ことば」を連続し、お互いの気持ちを分け合ったり、社交の雰囲気を作りあげることができるのである。

なお、同じ日本でも「もうかりまっか？」、「ぼちぼちですわ」という交感言語の使用は大阪の人の間では日常語であるが、東京の人にとっては、いささか違和感を感じる表現だという。しかし、大阪の人も大阪以外の文化圏や地域では、この表現は使用しないようだ。

とにかく、初対面でお互いが無愛想で黙っていることは、文化の違いはあっても、たいていの国の人に不安や警戒心をあたえる。勇気を持って一歩踏み出し、沈黙を打ち破ることは、社交性や親交のファースト・ステップである。また親交の表現は微笑や身振りなど非言語のメッセージを通しても表わされる事も忘れてはならない。

「レトリック（修辞学）」Rhetoric

レトリックは、もともとは「世界」を読むための装置であり、表現技術や技巧という狭い領域にとどまらないユニバーサル（普遍的）な手法であった。ヨーロッパやアメリカの牧師を養成するために1600年代前半に設立された長老派のハーバード大学などでも、修辞学は数世紀の間、教育にお

ける4大学科目の1つとして重要な学問として位置づけられていた。

　「レトリック」は辞書に《修辞学、巧みな表現をする技法》とあるように、一般にはことばの表現に関する技法と考えられている。だが、レトリックは、「ことば」を飾る技術だけに留まらない。

　「レトリック」とは、言語表現を行う際に単なる美辞、修辞、比喩、またはスタイルのみならず、ロジックと共に思考法の形態のことをいう。即ち、レトリックとは「話し手・作者」などが「聞き手・読者」に自己の伝達すべきメッセージを、話し言葉や書き言葉なりによって、「受け手側」の態度の変容や行動パターンの変化を期して、意識的・意図的な方法に基づき、説得や情報の伝達を目的とした戦略型コミュニケーションの一端といえる。歴史的には、古代ギリシャやローマの伝統を受け継いできた多くの欧米の文化では、アリストテレスの「雄弁術」を基に修辞学の研究を行い「レトリック」の基礎を確立させた。

　ただ、ギリシャ以来、西洋の伝統を形づくってきたレトリックは、ルネサンス期にその影響を拡大し、同時にルネサンスの美術論の基礎にもなった。美術とは造形による雄弁という美術論である。その際にベースの柱となったのがローマの政治家で雄弁家としても知られていたキケロ（紀元前106～43年）であった。雄弁術は説得の技術として造形芸術の発展に影を宿していたのである。

「メタ・コミュニケーション」Metacommunication

　「メタ・コミュニケーション」とは、ことば以外の非言語メッセージを正しく解釈する手がかりを提供してくれる「暗示型コミュニケーション」とも言える。コミュニケーションでは、人と人との間に通うメッセージは話し言葉だけとは限らない。対人コミュニケーションにおいて、我々は相手のメッセージを理解するために、言葉のみならず、話された言葉を解釈する手がかりとして、会話の間、服装、対人との接近距離など非言語的コンテクストや指標も考慮に入れてコミュニケーション活動を行っている。

　日本には「目は口ほどに物を言う」という諺がある。しかし、「目によるメッセージ」と「口のメッセージ」は必ずしも同じレベルにあると言え

ない。我々は対人コミュニケーションを行う際、相手の目の動きばかりではなく、握手の仕方、身のこなし、振舞い、顔色、声の抑揚、口調などの言葉以外の非言語メッセージにより、口から発せられているメッセージがどう解釈されるべきかを指示するメタ・メッセージをキャッチしながら真意を解釈している。

　ところで、西洋において雄弁術は説得を目的とする言語上の手段であった。それは政治、法律、外交、宗教や学問など様々な分野にも影響を与えた。例えば、ある国際会議などで著名な日本の代表が終始、沈黙しているとしよう。これを日本人ならば、思慮の深さを反映していると解釈するであろう。しかし、欧米の人からは、内気な証拠と受け取られるかもしれない。別な否定的な見方でいえば「何も意見をもっていない人物」、または「発言能力がない人物」という風に解釈されることもある。メタ・コミュニケーションは、言葉と文化が異なる場合には解釈の仕方が異なる場合もあるので、複雑でまだ十分に理解されていない分野でもある。

「対人コミュニケーション」Interpersonal Communication

「対人コミュニケーション」とは、「インター・パーソナル・コミュニケーション」とも言われている。「インター」とは、「2人」（2つ）の間で話し言語や非言語シンボルを使用し、情報交換や情報共通を行う目標で行われる相互的コミュニケーション行動のことである。対人コミュニケーションの目的は——①相手に情報を提供する。②相手に自分の印象を与える。③相手を楽しませる。④聞き手を行動にかりたたせたりコントロールする。⑤相手との相互関係を調整する。⑥相手との仕事上における関係を促進または継続する。⑦お互いのラポート（親密さの共有）を深める。——の7つにまとめることができる。

「コミュニカビリティ」Communicability

「コミュニカビリティ」とは、対人コミュニケーション能力と異文化感受性の開発のことで、対人コミュニケーション能力とは相手と自分の関係、それをとりまく文化環境に適した「言語活動」ができる判断力、また対話

が一定方向に進むようコントロールできる能力のことである。「コミュニカビリティ」は、人前で母語や外国語を使うことができる能力である「スピーカビリティ」とは異なる。

「文化」Culture
　文化とは、もともと「教養」、「継承」、「遺産」という意味から「習慣」、「伝統」や「風俗」に広がり、「生活様式」まで含むようになった。しかしながら、異文化コミュニケーション学や行動科学の研究者の間では、「文化」とは「人間の行動パターンや思考パターンであり、それは歴史的、地理的、民族的、心理的、言語的に定められ無意識の内に人間集団によって共有された規範、習慣、くせのことである。」＝「文化とは、人間の行動や思考パターンをガイドしたり、コントロールしたりする要因であり、その背後には文化の価値や信条が内蔵されている。」と定義できる。近年では、グロバリゼーションに伴い、それぞれの国や地域に根差した独自で固有のものは、「カルチャー・ボンド」（culture-bound）と呼ばれている。その一方、文化に束縛されない普遍的なものは、「カルチャー・フリー」（culture-free）と呼ばれている。人類学者のマリノフスキーなどは、文化を人間の環境に対しての適応度を示すものとして、"Culture is men's adaptation to environments."とし、また"Culture differs from environment to environment."と述べている学者もいれば、また、近年では「文化は解釈である」と唱えている学派もある。

「異文化コミュニケーション」Intercultural Communication
　「異文化コミュニケーション」とは、異なる文化バックグランドを持つ人が異文化接触や交流を行った際に生じる①文化摩擦やその解消法を見出したり、②文化間の諸問題や紛争を読み解くためのヒューマン・コミュニケーションのことである。
　異文化コミュニケーション研究は1950年後半から始められてきたが、現代のように好むと好まざるとにかかわらずボーダレス化し、モノからカネ、カネからヒトへと国境を越えて盛んに交流が行われている時代において、

特にビジネス界、外交、教育の世界において注目されてきている分野である。それは、ミクロの「対面・対人」レベルのみならず、マクロの「メディア・通信」レベルにおいて、その量と頻度が1970年以降、飛躍的に増大してきたことと、その結果として生じる文化間の摩擦、あつれき、紛争の諸問題が人々に意識され始めたからである。従って、異文化コミュニケーションの目的は「自分（自国）と相手（相手国）の共生や共栄のために行うメッセージや情報交換、情報共有のための共通の意味形成のジョイント・ベンチャー活動」を通して異文化・多文化理解を深め実りの多い交流を目指すことにある。

ちなみに、「異文化コミュニケーション」は個人、グループ、団体が対人コミュニケーションや相互接触・交流（インター・アクション）なしに文化的誤解や障害などの要因などを、一方通行的に研究する「交差文化コミュニケーション」（Cross-cultural Communication）とは異なる。なお、異文化間コミュニケーションが比較的新しい研究分野であるため、理論化や研究方法論の開発や確立に関心を持つ研究者は限られているのが現実である。異文化コミュニケーション研究方法には、①歴史的方法、②記述式方法、③実験（実証）的方法の３種類がある。

「多文化間コミュニケーション」Multicultural Communication

「多文化間コミュニケーション」の中身は、上記の"Inter"の接頭語で始まる異文化コミュニケーションと類似する点が多い。しかし、多文化コミュニケーションのゴールは、多国籍"Multilateral"の、また多様で多元的な"Diverse"な文化背景を持った人々と共に暮らしたり、仕事や共通したプロジェクトやビジネスを行ったりする際に生ずる対人コミュニケーションの問題や原因を探り、文化摩擦や紛争の解決法を模索してゆくことにある。異なる民族、異なる住民が共に暮らし、交流すればするほど理解が増え、国際交流が促進され平和になるといったナイーブな考え方は、往々に崩れ去り、混乱や衝突や敵対心が現れることもしばしばあるからである。

多文化間コミュニケーターとは、①複数の文化を受け入れながら、同時に文化間の価値観や非言語メッセージやコミュニケーション・スタイルな

どの相違や類似点を認識し、理解したりすることができるマルチ・カルチュラルな人物のことである。②そうすることによって、それぞれの民族や文化に属する人々がアイデンティティ（自己の存在感）を自覚し、互いに尊重するところから、寛容の精神や相互理解が生まれるというフィロソフィーを持っている人物のことである。

「グローバル・コミュニケーション」Global Communication
　「グローバル・コミュニケーション」とは、国家間の諸問題を取り扱う外交、政治コミュニケーションに類似しているが、主に個人、グループ、国民、機構、政府、情報技術機関によって国境を越えてもたらされる価値観、態度、意見、情報、データについて学際的に研究を行う分野である。グローバル・コミュニケーションを学ぶにあたっては、異文化コミュニケーションの理論や、心理学、社会学、政治学、文化人類学などの分野のしっかりした基盤知識が必要のようである。

「コミュニケーションズ」Communications
　上記の単数扱いのコミュニケーションは、人間レベルの意思伝達に関して用いられるのに対し、最後に"s"がつく複数形のコミュニケーションズ Communications は、伝達の技術的な側面―つまり、マス・コミや放送局のメディア、それにコンピューターのデータプロセスや情報処理などの電子技術面―を指す言葉である。コミュニケーションという名詞は単複両形で使用されるので、注意が必要である。NTT は、1999年から情報やメディアに関する分野には「コミュニケーションズ」（NTT Communications）と複数形を使用し始めた。

「メディア」Media
　「メディア」ということばは、ラテン語の medium「中間の」が語源となっている。このことばが使用されたのは16世紀後半からであり、17世紀初めまでは、「中間的・介在的」という働きを意味する用語となった。17世紀の初めにバートンが「視覚には、対象と器官、それにメディアという

3つが必要である。」と述べたことでmediaという用語が使われはじめたのである。メディアとは物質的で、かつ心的なものから成り立っていると考えられたのである。また、17世紀初期にはラテン語のmediare「半分に分ける」「仲裁する、和解する」「中間をしめる」から派生したミディエーション」mediation（交渉学で使用される「調停や仲介などを行う」）と結びついていた。その後、18世紀から19世紀にかけては新聞がメディアの一種として一般の人々にも受け止められるようになった。20世紀になってマス・メディアが伝達媒体であるという見方が主流となってゆく。1960年代には、マーシャル・マクルーハンが「メディアはメッセージ」と提言したため、メディアは「送り手から受け手へのメッセージ伝達を媒体とする手段」という見方が広まった。その後、1970年以後、マス・コミュニケーションという言葉が流行語となり、メディアはコミュニケーションズのための技術的手段として考えられ、送り手から受け手への意味伝達というものから、意味が調整されてゆくプロセスであるという考えも生まれたのである。

「ホット・メディア対クール・メディア」Hot Media Vs. Cool Media
　「ホット・メディア」と「クール・メディア」という造語を創ったのは、カナダ生まれのコミュニケーション学者のマーシャル・マクルーハンである。マクルーハンは、「メディアはメッセージである」という名言で有名であるが、メディアをホットとクールにも分類し新しい視点で「コミュニケーションズ」の視点でメディアを見る方法を提示した。
　「ホット・メディア」とは、多数の人に単一の感覚をいっきょに高い精細度（データや情報が充実している状態）にまで拡張するメディアのことで、「クール・メディア」とは、低い精細度（データや情報があまり含まれていない状態）で感覚を拡張しないメディアのことである。「ホット・メディア」と「クール・メディア」を対比すると、次のような違いが浮き彫りになる。なお（　）内がクール・メディアにたとえられる。
　1．写真（漫画）、2．ラジオ（電話）、3．表音文字のアルファベット（象形文字や平仮名、漢字などの表意文字）、4．新聞紙（石碑文字）、

5．講演（ゼミナール）、6．映画（白黒テレビ）、7．ホット・ジャズ（クール・ジャズ）、8．先進国（後進国）、9．都会人（田舎の人）、10．本（会話）、11．散文（箴言（しんげん）＝いましめの言葉）。なお現代の高度情報化時代では、上記の情報の内容が入れ替わる場合がある。

「ソーシャル・メディア」Social Media

　IT（情報産業）分野の中でもインターネットはここ数年で大きく変化した。日本においてもパソコンよりも携帯端末によるネットの利用の方が多くなっている。加えてツイッターやミクシィなどといった「ソーシャル・メディア」が情報共有サービスとして注目されている。一般の個人から多数に向け情報発信できるからである。ただ問題は、ネットを使える人と使えない人、さらに使いこなせる人とそうでない人とのデジタル・ディバイド（情報格差）である。新しいネット時代の裾野を広げることをしないと人的にも経済的にも少子高齢化を乗り切れないと言われている。多くの犠牲者を出した2011年の3.11大震災は、情報格差の問題や日本がこれまで取り組んでこなかった課題を浮き彫りにした。

　政府と民間企業とで、もっとシンプルに使えるソーシャル・メディアの開発が急がれる。テレビやパソコンや携帯端末より見やすく、操作が簡単な端末をもっと活用できる社会の到来が望まれる。

3　翻訳・通訳と文化

　通訳は「語る芸術」と言えるが、翻訳は「描く芸術」とも言える。通訳者とはイタリア語では「反逆者」（traditore）のことで「裏切り者」（traitor）の意味でもある。翻訳者にも同様なことが言えるのではないか。翻訳の歴史は古く、それは古代ギリシャ時代までにさかのぼることができる。また、翻訳には主に次の2つ「直訳と意訳」と「忠実訳と対訳」の伝統がある。しかし、その後、「原文を重視する考え方」＝「原文重視」と「翻訳の目的を重視する考え」＝「訳文重視型」に移ってゆくのである。原文重視の場合には、原文の文化的要素との戦いとなる。訳文重視の場合には、訳文の目的を重視しなければならないという共通認識が存在する。

ところで、鴻巣友季子は翻訳者を建築士になぞらえ、次のような興味深い発言をしている。「翻訳書では、仮に原作者が建築家で、読者が住み手で、文芸評論家が建築評論家だとしたら、翻訳者というのは、設計図に従い実際に家を建てる大工さんでしょうか。歴史的名工たちの仕事を後進の者がつぶさに見れば、釘の打ち方ひとつから、建材の来歴まで、ふつう目にはとまらないことでも興味の対象になります」(『明治大正翻訳ワンダーランド』2005新潮社)。

翻訳にしろ、通訳にしろ、まったく異なったことば(英語)を別な言語(日本語)に置き換えることは、至難の業であり、多くのリスクも含んでいる。当然、難訳語に遭遇することも多い(「誤訳」については、p.80を参照されたい)。翻訳者も通訳者も同様に言葉の訳だけではなく、文化の訳をしなければならない。そのため直訳より「意訳」が必要となる場合もある。

食とスポーツのケースを紹介してみよう。

「カーブ」(carve)という言葉は、イギリス文化と密接な関係のあることばである。英語に"Who carves the turkey?"という表現がある。直訳すれば「誰が七面鳥を彫るのか？(彫刻に取り組むのか？)」である。しかし、実際には「肉を切り分ける」という意味である。

イギリスやアメリカなどの伝統的習慣を重んじる家庭では、「肉を切り分ける」という慣習があり、これは家長としての役目や身だしなみであり、また暗黙のルールとなっている。日本の食文化では、このような情景をみかけることがない。なぜならば、肉はすでに家庭では主婦、レストランなどでは料理人(シェフ)によって切り分けられお皿の上にのって支給されるからである。

次の「カーブ」(curve)は、スペルこそ違うがアメリカで生まれた野球文化と関係のあることばである。例えば、"He threw me a curve."(彼は、私にカーブを投げた。)は、「彼は私をバカにした。」という意味になるので言葉の使用には注意すべきである。

しかし、問題は諺などには多くの難訳語が含まれており、直訳ではしっくりしない表現になるため意訳が求められる場合が多いことである。

"Even Homer sometimes nods." は「ホーマーでさえ、失敗することもある（たまには、しくじる）。」と直訳してもわからないではないが、「弘法も筆の誤り」という対応する日本の諺を使う方が、わかりやすいだろう。なお、"nod" とは、「うなずく」という以外に「へまをやる」という意味がある。古代ギリシャの偉大なる詩人であったホーマーでさえも、自分の作品であるイリアッド（Iliad）とオデッセィ（Odyssey）の中に間違いをしでかしたとの話が存在する。つまり、誰しも常にパーフェクトであることはないという意味である。

4　通訳泣かせ～言葉と文化に対する危機管理～

言葉と文化の逆転順現象

　英語と日本語とを比べた際、表現において180度違う「逆転順現象」なるものを発見することがある。これは、通訳をしている際にも気づく現象であり、「通訳泣かせ」とも言われる。

　知人の経験談で恐縮だが、あるとき、アメリカ人のお宅にご夫婦で招かれた、ある日本の会社の社長から「日本語でスピーチをしたい」と希望があり、知人は通訳を引き受けた。当日、その社長は「私と『愚妻』を夕食にご招待いただき、心から感謝申し上げます」と挨拶を始めた。知人が最も困った点は「愚妻」という言葉の翻訳であった。なぜなら、直訳すれば「my poor wife」である。英語圏の文化において、謙（へりくだ）った表現はあまり存在しない。また、そうした表現を直訳すれば、日本文化のイメージを低下させることにもなりかねない。そこで知人は「逆転順現象」を思い出し、すかさず、英語圏の文化圏で受け入れられている表現、すなわち「my beloved wife」（＝私の最愛の妻）と訳し、誤解を免れることができた。

　通訳者が、半ばジョークとして「反逆者」と呼ばれるのはこのためである。

　次に少々余談ではあるが、日本語と英語では反義語の語順が反対のものが往々にしてあり、その例をいくつか挙げておきたい。

紳士淑女 ⇒ Ladeis and Gentlemen

前後⇒ back and forth
白黒（はっきりさせる）⇒ black or white
出入り⇒ in and out
需要と供給⇒ supply and demand
損益⇒ profit and loss
苦楽⇒ pleasure and pain
雌雄⇒ male and female
新旧⇒ old and new
左右⇒ right and left
貧富⇒ rich and poor（wealth and poverty）
寒暖⇒ heart and cold

各文化の「語彙」の使い方

　異文化のバックグラウンドを持つ人と対話する際、こちらの意図をすぐに理解してもらうためには、できるかぎり、相手の生活や文化の枠組みの中でコミュニケーションをすべきであり、そのためには、語彙の使い分けを覚えなければならない。
　日本語を勉強している留学生にとって難しいのが、動詞の選び方である。たとえば、将棋はどうして「打つ」と言えないのかという質問を受けたことがある。「それは言語習慣上、そういう言い方はしない」と言って、以下のような説明を行い納得してもらったことがある。
　将棋は「さす」ものであり、碁は「打つ」ものという。将棋を打つ、碁をさすといえば、ルール違反となる。ただ、同じ将棋でも相手から取ったコマを使う時には「打つ」―「歩を打つ、桂馬を打つ」―を使用する。車やオートバイは「運転する」であるが、飛行機や船は「操縦する」が正解である。
　また、日本ではスープは「飲む」という。しかし英語では「eat」を使用する。直訳すれば「食べる」であるが、日本語の言語習慣では「食べる」と表現するとしっくりこない。日本では「のむ」（飲む、呑む）という行為の対象となるものは、水やお茶やコーヒー、ソフトドリンク類、それに

お酒のような液体である。薬も錠剤であれ、粉薬であれ、「飲む」という動詞を使用するが、英語では「drink」ではなく「take」を使う。

不思議なのは、タバコである。タバコも「のむ」と言う。日本語では液体に限らず、固体や気体のいずれに対しても「のむ」を使用する。英語では、固形物の食べ物には「drink」の「のむ」でなく、「eat」を使用するが、タバコは「smoke」であって「eat」ではない。以上のような違いについては、説明される前までは、たいていの方は気づいていない場合が多い。

文化とは、本人が自覚していない違いや、細かい習慣から成り立っている。この隠れた部分に気づくことこそ、異文化や多文化理解のための鍵となる。外国語を勉強する意義の1つはそこにある。

しかし、多文化コミュニケーションでは、文化の背景が違う者同士が、実際に対人コミュニケーションをする際の摩擦や軋轢などの問題や、他の障害を解明していこうとする点に比重がおかれている。たとえば、多文化コミュニケーションの研究領域には、日本文化を背景にする人がイスラム圏から来た人とコミュニケーションを行うとき、どのような障害があり、それはどのような状況下で発生するのか。また日本人の行動パターンや非言語的コミュニケーションで、どのようなしぐさや振る舞いが、誤解／理解されるのかといった要素を観察、調査し、多文化理解のための教育トレーニングを行うというように、多様な範囲にまで及ぶ。

これらは、文化の多様性と同一性を統合的に身につけることで得られる。そのためのオリエンテーションは、地球上には多くの異なる背景を持つ集団が数多く生存し、互いに違った文化を持ちつつ、生物として同一の束で結びつき、コミュニケーションを媒体として生活している、というコンセプトを身につける必要がある。

翻訳者と通訳者にとって必要な資質

では、翻訳者や通訳者はいかなる資質が求められ、どのように取り組んでゆけばよいのか？　翻訳者や通訳者に求めれている資質は、①言語能力、②表現力、③2つの言語のコンテクスト（文脈）の解釈力、④語感を磨くことなどである。

ただし、通訳者には、それら以外に次の資質も必要とされている。(a)タイム・マネージメント。話すスピードと臨機な対応などの時間の管理（通訳者は、朝早くから打ち合わせなどがあるため健康管理も求められる。）。(b)頭から訳す訓練（first in & first out）。(c)言葉のウラにある情報とシンボルなど記号体系の中から適当なことばや表現を手早く選ぶこと。(d)通訳するテーマや分野に精通していることが望ましい。(e)人物的な要素として、機転がききユーモア感覚を持ち、参加者同士の緊張感などをほぐしたり雰囲気づくりができる人が望ましいとされている。

以上に加えて翻訳者と通訳者の双方にとって必要な要素が**「異文化に対する理解・感受性と適応力を培うこと」**である。次にこの点について考えてみよう。

なぜならば、これまで説明をしてきたように「ことばこそ、すなわち文化である」からである。①辞書的にイコールであっても文化的・社会的にイコールでないところを知ること。また、辞書的にイコールであっても他の文化や社会においては正反対の意味をもつこともある。つまり言葉の背後にある意味やニュアンスを知ることも必要である。また、②ある歴史を背負ってきた文化を、単に辞書的に置きかえることに満足せずに、他の文化や社会において受け入れられる枠組みのことばや、等価値なものに移しかえること。③それらの見識と技能をもつ人でないと、ことばの置きかえに関する異文化間の橋渡し役は務まらない。④また辞書的にイコールなことばや表現であってもイコールでないところを正しく理解するためには、自分で外国語を操ってみることが必要であるばかりか、例えば異文化の人々の発想法に通じ、かれらの文化で育まれた価値観や国民性などを広い視野から研究する「文化人類的アプローチ」が必要だ。

「ことば」はある集団グループの習慣、風物や心情の表れであって、その背後にあって、それを生かそうとするもの（文化）を知らなければ、「ことば」自体たいした意味を持たないからである。

5 コミュニケーション＝人間行動にはルールがある？

コミュニケーション行動

　私たちは日常生活の中で、自分と同じ文化の人とコミュニケートするときは、その人のコミュニケーション行動を決める社会規範やルールについて特に意識しないし、注意も払っていない。しかし、人々は文化や価値観に裏づけされた行動をとっている。そのため相手の行動が予測できるのである。

　ただし、人前で、そうした社会規範やコミュニケーションのルールが破られたとき、すなわち予測外のルール違反をされた場合には、戸惑い、驚き、時にはどう振舞えばよいかわからなくなる。とくに、文化バックグラウンドの異なる人々とコミュニケーションを営んでいるときは猶更である。1つ解釈を間違えば、「文化紛争の原因」ともなってしまうのだ。

　したがって、コミュニケーションを「人間の行動学」と見なす研究者も多い。行動科学の研究者、ネウストプニーは、人間の行動は2種類に分けることができるという。1つが「コミュニケーション行動」と呼ばれるものであり、もう1つが「実践行動」と呼ばれるものである。

　ただし、忘れてはならないことは、双方にも、公の場でプレゼンテーションを行ったり、インタビューに答えたりする「パブリック・コミュニケーション」と、自分の友人と会話や家族同士で行うプライベートなコミュニケーションとが存在することである。

　最初の「コミュニケーション行動」とは何か。日常生活で我々が意志伝達という目的をもってメッセージの相互交換、すなわちインターアクションをする際、2種類の行動が存在する。つまり、①言葉による「バーバル・コミュニケーション」と、②言葉以外の「非言語」で意志伝達を行う「ノン・バーバル・コミュニケーション」である。

　①の場合、我々は母国語（または外国語）の「文法」というルールに従ってコミュニケーション行動を行っている。また、ノン・バーバル・コミュニケーションにも、目では見えないルールや取り決めに基づいて、コミュニケーション活動を行っているのである。

コミュニケーションにも目的がある

　上記のコミュニケーション行動にせよ、実践活動にせよ、コミュニケーションには、次のような目的がある。つまり、①相手に情報を伝える。②相手を説得し、相手の考え方や行動を変える。③儀式を行う。(その他の目的については、拙著『多文化共生時代のコミュニケーション力』の第2章を参照されたい)

　たとえば、対人コミュニケーションを行う際、話し言葉に力点を置くアメリカや北ヨーロッパなど「バーバル文化圏」に属する人々は、説得のためにコミュニケーションを行うが、反対に「ノン・バーバル圏」に属する日本人は、情報伝達のためにコミュニケーションを行うという研究報告がある。

　しかし、これに対し、「アルファ・コード」と「ベータ・コード」の見方がある。「アルファ・コード」とは人間関係を築いたり、それを維持するための言語のことであり、「ベータ・コード」とは情報や自分の意思などを伝える機械的な言語のことである。したがって、日本人の日常生活の大半のコミュニケーションは「アルファ・コード」に基づいて営まれているということになる。

　言い換えれば、日本人はアメリカや北ヨーロッパに住んでいる人々より、人間関係の維持や確立のために「アルファ・コード」を使用する頻度が高いということになる。ただし、人間関係の確立や維持のためのコミュニケーションは、文化に関わらず大切な要素であり、「度合い」の差が文化によって少し異なるといえる。

文化とコミュニケーション～人間の行動パターンの3つのセオリー～

　多文化コミュニケーションとは、多文化間ということもさりながら、最終的には人間同士、すなわち「対人コミュニケーション」を基礎としている。

　人間同士のコミュニケーションでは、技術よりも、態度や心構えが重要な役割を担っている。そこでは偏見の問題が、ネガティブなステレオタイプも含めて、論じられるべきである。

多文化コミュニケーションに興味を持つ人の数が増えており、喜ばしい傾向といえる。また、それらの人々からよく質問されるのが、どうすれば人間の行動パターンや文化の特徴を観察し、解読する目を養うことができるのか。また、それらを培う上でセオリーがあれば教えてほしい、というものである。それらに関しては次の３つの理論が参考になるので紹介したい。

　多文化コミュニケーションには、次の３種類の考え方―①ルール理論、②システム理論、③ユニバーサル理論―が存在する。

　最初の「ルール理論」とは、人間のコミュニケーション行動パターンは、自分が属している文化のルールや価値観に基づいているという理論である。２番目の「システム理論」とは、話し言葉やしぐさ、ジェスチャー、上下関係などの社会システムが、我々のコミュニケーション・スタイルに影響するという理論である。最後の「ユニバーサル理論」は、同じ職域の人々が共通のプロジェクトを行う際、各個人が属する文化のルールや社会システムには影響されず、世界共通のルールを基にコミュニケーション活動をおこなうという理論である。

　問題は、「文化が違っていても人間はみな同じであり、国際交流や異文化接触の機会を増やせば『相互理解』が深まる」という考えを持つ人が多いことである。ラレイ・バーナのような異文化コミュニケーションの専門家は、「各文化で培われた対人コミュニケーションの流儀やプロセスも知らず、ただ、異文化の人々との接触が多くなればなるほど、文化間の誤解や摩擦、加えて心理的な問題にも発展する」と指摘する（LaRay M. Barna (1991), *Stumbling Blocks in Interpersonal Communication*）。

6　多文化適応と対人コミュニケーションの障害物

７つの障害物

　我々が、文化背景の異なる人々とコミュニケートする場合、どのような障害物が潜んでいるのか。以下では、数多くある障害物の中から、多くの人々が異文化接触の際に直面したり、気まずい思いをした経験から、いくつか事例を挙げながら説明を加えてみたい。ただし、７つの項目はそれぞ

れお互いに関連し合い、影響し合っていることも理解していただきたい。

①言葉と文化背景の異なる相手との言葉を通した対人コミュニケーション
②非言語（ノン・バーバル）の部分の理解不足（しぐさ、身振り、行動パターンの文化間の温度差とカルチャーショック、その他、目では見えない暗黙のルールなど）
③相手の人の文化に対しての思い込み
④ステレオタイプやマインドセット
⑤相手文化に対する早合点した価値判断
⑥未知の経験にたいする精神的不安感
⑦異なる文化にみる暗黙のタブー

　まず、①の「言葉」の解釈の違いと、③「思い込み」とが原因で、国際政治の大問題に発展した実例のケースを紹介してみたい。

「思い込み」の怖さ～ほめ言葉が批判発言に／ポツダム宣言の誤訳～

　1965年6月27日、アルジェで第2回アジア・アフリカ会議（以下AA会議）が行われた。当時パキスタンのブット外相が、AA会議延期のいきさつを説明した。その際、日本のある新聞社の特派員が「今度の外相会議開催式には、各国の外相がすでに到着して開催を待っていた。それなのに常設準備委員会はなぜ、これらの外相に相談もしないで会議延期を決めたのか？」と質問した。

　これに対して、ブット外相は、「新聞記者の知ったことではない。日本人は金に飢えた動物で、政治のわかる動物ではない」と答えたという。そのことが新聞記事で「日本人はエコノミック・アニマル（経済動物）」と言ったものと推測された。この「エコノミック・アニマル」発言が、日本人を侮辱した表現として日本国内で波紋を呼び、流布したといわれている。

　冷静に考えてみると、この「エコノミック・アニマル」は、イギリスなどでは、むしろほめ言葉でもあるようだ。なぜなら、ウィンストン・チャーチルは、こと政治にかけては、才能がずば抜けており、褒め言葉として

「ポリティカル・アニマル」と言われた。

　これと同様に「経済動物＝エコノミック・アニマル」というのは、当時の日本の経済発展力を考慮した場合、「日本は将来すぐれた経済大国になるであろう」という意味合いであったともいわれる。プット外相はオックスフォード大学を卒業、同大学で教鞭をとり、政治経済にも造詣の深い人物であった。では、なぜ日本では侮辱的な意味合いの言葉として解釈され、報道されたのであろうか。

　1つは、受け取る側の「思い込み」である。2つ目には、英語の聞く力とプット外相の比喩的表現の含み（ユーモアなどもそうであるが）を理解できなかったことにあると想定できる。

　6月27日に行われた記者会見では、食い下がって質問する日本人記者とプット外相の間には険悪な空気が流れたという。気分を害したプット外相が、この日本人記者に対して何か批判めいた発言をしたと想定される。そして、その発言の一部に「日本人はエコノミック・アニマルである」という表現があった。

　また、その発言が文脈の関係上、批判的な発言の中にあったため、この表現自体も否定的に、日本を侮辱する意味として受け止められた節があるようだ。それに加えて、感情的になった日本人記者は、ある地方紙の特派員で、また英語力も抜群ではなかったようだ。そのため、本人も感情的になっていたため早合点し、プット外相の発言すべてが対日批判発言に違いないという「思い込み」となり、新聞紙上で報道され、波紋を呼んだのである。（アルジェ[共同]1967年6月27日、日本経済新聞1967年6月28日夕刊、「『エコノミックアニマル』の不思議」『文芸春秋』1995年5月）

　もう1つ外交上の誤訳の失敗例として引きあいに出されるのがポツダム宣言の誤訳と原爆投下事件である。大戦末期に「黙殺」という言葉が「無視する＝ignoreからreject」に訳されたため、日本政府がポツダム宣言を拒否したと受け取られ広島と長崎の原爆投下へ踏み切られたきっかけを与えたことは大変残念なことである（中村隆英『昭和史1926-1945』東洋経済新報社）。「黙殺」という言葉が、「再考したい＝reconsider」と訳されていたならば、広島と長崎への原爆投下はなかったかもしれない。

これらのエピソードから我々は、「言葉」の誤訳や誤解は、時には歴史の流れを変えることもあるという事を知ることができる。

ことばと文化～「口頭言語」の文化差～
　鈴木孝夫は『閉ざされた言語・日本語の世界』（新潮社、1975年）の中で、日本人にとって言葉とは、人と人が相互の同一性を確認し、強化する手段なので、異なる考え方をぶつけ合い、互いの利害を調節する交渉手段としての面はほとんど発達していないと指摘する。
　日本文化は歴史的に「ことば不信文化」であり、議論よりも事実を優先する「論より証拠」の伝統が極めて強いというのである。この日本人の言語に対するパーセプションが、コミュニケーションにも影響し、問題となることが多い。
　たとえば、討論や多数決による意思決定を好まない対人関係が、お互いの行動やコミュニケーションの底辺にあるとする。こうした文化環境では、言葉を通して敵を論破するディベートは馴染みにくい。それは、日本の持つ高度の均質性のためであると考えられ、人類学では、これを「族内婚的社会」という。同じ部族内での結婚によって人間関係が成立した社会であり、そのような均質性の高い社会システムの中では、言葉に頼らずとも「以心伝心」でコミュニケートできる「察しと沈黙の美学」を重視する文化環境が形成されやすい。また、そういった文化では社会的対立や緊張が少ないのが特徴である。
　そうしたコミュニケーションに慣れている人が、言葉による説得型コミュニケーションを用いる文化圏の人々とコミュニケーションをとる場合、さまざまな問題が発生することは明白である。
　同じアジア圏にあるインドの例を見てみよう。インドは1,652の民族集団が住む「多言語社会」である。インドの国会は、英語あるいは同時通訳を使った口頭言語によって意見交換が行われている。そのため、意見の対立や言葉の応酬も多く、巧みな討論技法や、双方の言い分に耳を傾けることも求められる。これは議会制度を発達させたイギリスや他の欧米文化でも使用される。日本とは大きく異なるのである。また日本式の論理が育

まれる文化では、2項対立をはっきりさせずに、むしろ白（賛成）でもなければ黒（反対）でもない、曖昧な〈グレー・エリア〉を大切にする文化も生み出すのである。

文化間のタブーに注意
　次に、非言語の領域でコミュニケーションを営む際に障害となる、文化間のタブーについて考えてみたい。
　たとえば、世界には宗教と生活習慣が深く結びついている国や文化が、数多く存在する。多様な宗教が、日常生活にさまざまな禁忌や戒律を課している。また、日常のマナー、挨拶や食生活まで、宗教とマナーやエチケットは切っても切れない関係がある。人々の倫理観やコミュニケーション、行動の規範を宗教に求めている国や文化が多いのだ。それらの多くが「非言語」のものであり、目に見えない暗黙のルールなのである。いくつか例を挙げてみよう。

「食習慣」
　ユダヤ教徒は経典トーラ、イスラム教徒はコーランの教義に従って、生活を営んでいる。特にユダヤ教徒のなかでも「オーソドック派」に属する人々は、食生活の面でも戒律を守っており、イスラム教徒と同様に豚肉を口にしない。宗教のタブーを侵すことは、最大のルール違反となる。

「アルコール」
　コーランの教義では、ワインは神からの授かりものである理性や知性を麻痺させるという理由で、タブーとなっている。とはいえイスラム教文化圏でも、エジプトやサウジアラビア、モロッコなど、レストランでビールやワインが売られる国もある。

「タッチング」
　イスラム文化圏では、神の恵みは天から降りてくると考えられており、子供であろうと大人であろうと他人の頭に触れたり、手を頭にのせたりす

ることはタブーである。また、南方仏教の影響の強い東南アジアの文化（カンボジア、ミャンマー、タイ、ラオス、スリランカやブータンなど）においても同じことがいえる。

「贈り物」
　贈り物の品物は文化によって異なる。ある文化において礼儀やマナーに適うことでも、他の文化では、それらがタブーにあたることも少なくない。その多くが目には見えないものであるため、誤解や文化摩擦に発展する場合がある。
　たとえば、日本を含め多くの文化では「赤いバラ」は「情熱」を意味するが、ドイツでは「愛の告白」を意味する。また「黄色いバラ」は嫉妬を示す場合が多いのだが、ロシアなどでは「軽蔑」を、メキシコなどでは「死」を意味する。
　贈り物の習慣に関するエピソードとして、異文化コミュニケーションの研究者であるジョン・コンドン教授から聞いた事例を紹介したい。
　1962年、ジョン・F・ケネディ米国大統領が、メキシコのアドルフォ・ロペス・マテオス大統領の車に同乗していたときのことである。ケネディ大統領が、マテオス大統領の時計を「素晴らしい時計ですね！」と褒めたところ、マテオス大統領は腕から時計を外して「あなたに差し上げますよ」と言った。ケネディ大統領は断ったが、マテオス大統領が「メキシコ文化では、相手が自分の持つ何かを気に入った場合、それを与えるべきと考える」と説明した。
　ケネディは感銘を受け、マテオス大統領にお礼を述べて腕時計を受け取った。数分後に、マテオス大統領はケネディ大統領に向かって「美しい奥さんをお持ちですな！」と言ったので、ケネディはすかさず「どうぞ、腕時計はお返ししますよ！」と答えたという。
　ちなみに、何かをほめると、すぐにそれをプレゼントしようと言われて、困った経験を持つ人が多いようだ。
　中国の場合、中国の人に置時計や掛け時計はご法度である。なぜなら中国語で時計を意味する「鐘」は「終」と同じ発音であるため、時計を贈

ことは「送鐘」、つまり「送終」となるので要注意である。

しぐさ、身ぶり、行動パターンの文化の温度差
　次に、上記で扱った文化間のタブーに関連するしぐさ、身ぶり、行動パターンの相違が、多文化間コミュニケーションや異文化理解の障害になるケースに関して考えてみたい。
　人間は無意識のうちに、自分の生まれ育った文化の特徴的な考え方、習慣に従ってコミュニケーションを行っている。人の動作は、文化によってパターン化されているが、そのことに気づいていない人が圧倒的に多い。それが顕在化したときに、文化摩擦や衝突といった問題が起きるのである。
　たとえば、人前で「脚を組む」という行為に対する解釈が文化によって異なるために、文化的な摩擦や物議を醸すことがある。日本では、面接を受ける場合、面接される側が足を組みながら話している姿は見かけない。理由として、日本ではフォーマルな形式を重んずる面接会場では、被面接者が脚を組む行為はマナー違反」という「暗黙」のコミュニケーション・ルールが存在するからである。
　では、なぜマナー違反なのか。脚を組むという行為自体は、自文化に影響されて記号化されているため、自分が伝達というコミュニケーション行為をしているのに、その事に気づいていないからである。
　異文化のバックグラウンドをもつ人々とコミュニケーションを営む際、相手側との間に存在する「暗黙に共有されたルールやコード」を知るためには、まず相手方のメッセージ伝達の意図が潜在している動作や行動パターンに注意を払う必要がある。ただし、それはけっして容易なことではない。国内の小文化間（小異文化）でも、地域によってコードの違いが存在し、そのために気まずい思いをすることがある。
　ノン・バーバル・コミュニケーションは、習得される伝達法の一形態であり、1つの文化の中でパターン化され、人々に共有され、秩序あるシステムとしてバーバル・コミュニケーションと同じく人間の歴史や小文化や地域にも深く根ざしているのである。
　日本の大森貝塚を発見したアメリカの動物学者、エドワード・シルベス

ター・モースは、著書『日本その日その日』の中で次のような観察を行っているが、文化的に日本とアメリカとは180度違うと述べている。

　この国に来た外国人がまず気づくことの一つに、いろいろなことをやるのに、日本と我々が逆であるという事実がある。このことはすでに何千回となく物語られているが、私もまた一言せざるを得ない。（中略）日本人は鋸で削ったり鉋で引いたりするのに、われわれのように向こうに押さず手前に引く。本はわれわれが最後のページとも称するべきところから始め、そして右上の隅から下に読む。われわれの本の最後のページは日本人の本の第一ページである。彼らの船の帆柱は船尾に近く、船夫は横から艪を漕ぐ。正餐の順序でいうと、糖果や生菓子が最初に出される。冷水を飲まずに湯を飲む。馬をウマ屋に入れるのに尻から先に入れる。

　　　　（『世界教養全集　第七』所収、石川欣一訳、平凡社、1961年）

　しぐさや身ぶりの意味合いや習慣の相違が、もの珍しかったり、笑い話のネタを提供してくれている間はまだよいが、時に他人を不快にしたり、偏見を形づくったりするものもあるので、文化間の価値観の相違点や類似点には、意識的に注意を払う必要がある。

カルチャー・ショックとは？
　カルチャー・ショックとは、自分が生まれ育ち、慣れ親しんだ文化以外の文化に身をおいた際に、たとえその国の言葉が話せても、新しい文化環境でうまくやっていくことは容易ではないことを発見したり、とくに相手の文化システムが見えないために心理的に緊張も増え、混乱や苛立ちを覚えたり、拒絶反応や孤独感を経験することをいう。心理学者のK・オーバーグは「自分の慣れ親しんだ文化・社会環境とは全く無縁になったため、自信を失ったり、落ち込んだ精神状態になること」と定義づけている。
　なお、カルチャー・ショックは、年齢が高くなればなるほど、自分がそれまでの人生で得てきた知識や価値観を一夜にして無用の長物にしてしま

う場合がある。子供たちが、大人に比べて異文化に対する適応が早いのは、大人と違って失うものが少ないからである。

　社会人類学者の中根千枝によれば、日本人の大人の場合、カルチャー・ショックが最も大きく、また深刻なのは、対人関係の側面であるという。さらに日本では海外に出る大部分の人が20歳を過ぎてからであるため、パーソナリティが出来上がってしまい、また全教育課程を日本ですました年齢であるので、日本的思考のパターンが強いため、異なる文化システムとの出会いにおいて、こちら側が弾力性を欠き、正面衝突をしやすいからだと指摘する。どんなにその国の風俗・生活習慣になじんだといっても、20歳を過ぎてから生活するようになった異国では、外国から来た人はどことなくピントをはずれているところを持っているようだ（中根千枝『適応の条件　日本的連続の思考』第二章、講談社、1972年）。

　また、カルチャー・ショックは、外国文化に触れたときに経験するばかりではなく、同じ自国の文化においても体験することが多い。たとえば、田舎で生まれ育った人が都会で生活するようになったとき。しかし、これはカルチャー・ショックというよりは、むしろ「シティ・ショック」と呼ばれるものである。この場合、同一文化内の統合関係の違いであるから、表面上、異なっているように見えても基本原理は同じである。すなわち、方言の違いのようで、文法の違いではないからである。

カルチャー・ショックに影響を与える環境と異文化への適応プロセス
　カルチャー・ショックは以下に挙げる3つの環境に影響される。
①最初が「自然環境」である。気候や風土などに対してショックである。
②次に「社会的環境」である。食文化の違いや、現地の人々との交流システムがわからない場合などの問題点が含まれる。たとえば、欧米の大学では、学生が先生と会うためには秘書を通してアポイントメントを取らなければ、会う機会がない場合がある。
③最後が「人間環境」である。その文化を構成しているメンバーで共有されている文化価値、世界観であり、宗教や慣習、その文化特有の儀式などが含まれている。

以下では、カルチャー・ショックの適応プロセスを見てみよう。
　カルチャー・ショックとは、人々が異文化に突入した際に体験する社会的・心理的プロセスのことである。
　たとえば、1、2年の海外滞在者について、異文化研究の専門家であるオバーグ、リスカード、ホフステッドは「U型カーブ」、それにガルホーンのように、数年の長期に及ぶ滞在者の場合にあてはまる「W型カーブ」を使用し、理論化している。この「U」「W」とは、タテを精神的安定度、ヨコを滞在期間としてグラフに表した時に現れる曲線のことである（拙著『新国際人論　トランス・カルチュラル・ミディエーター時代への挑戦』〔総合法令、1994年〕第二章を参照）。
　ここで、1つのモデルケースとして、それぞれのカルチャー・ショックの衝撃のステップを示してみたい。
　たとえば、読者が希望をもって成田空港を飛び立ったとしよう。

① **ハネムーン時期**
　現地に到着後、見るもの聞くもの初めてで、まわりのものがすべてが新鮮に思える。人々も親切に見え、これなら仕事もできるのではないかという充実感を持つ。

② **カルチャー・ショック時期**
　「いつ日本から来ましたか？」「現地の印象は？」など、本人を中心とした初期の会話も6ヵ月を過ぎるころから変化がみられ、対人関係や言葉も含むシステムの違いに心理的葛藤が生じ、疲労を覚え、行動も消極的になる。中には睡眠が不規則になったり、食欲がなくなる人もある。

③ **表面的適応時期**
　初期の心理的落ち込みから、少しずつ現地のシステムや基本的なコミュニケーションに慣れてくる。しかし、まだ地に足がついていないと感じる。

④ **心理的逃避（孤立）時期**

普段の生活や、習慣の違いについても少しずつ認識しはじめるが、同時に、友人や同僚、ホーム・スティ先の家族との間に葛藤が生じたり、理解したと思っていた現地の人の物の見方、考え方に、再び不可解さやフラストレーションを感じる。ホームシックに陥ったり、孤独感や倦怠感に悩まされたりする。

⑤ 異文化融合・適応時期
　組織や職場、友人以外の対人関係にも、少しはリラックスできるようになる。その一方、異文化のシステムの複雑さも認識しだす。受け身ではないコミュニケーションの必要を感じ、ようやく文化、社会を見る目を持ち始める。

⑥ 帰国前の不安時期
　出発前に感じたような興奮はないが、帰国に対して胸をはずませる反面、現地で知り合った友人や親しんだ同僚、お世話になった人々など、現地の環境に対して名残惜しさを感じる。この現象は、帰国という目の前に迫った事実があって初めて起こるものである。

⑦ 帰国後の復帰カルチャー・ショック時期
　期限付きの異文化からの帰国で、自分を迎えた者が必ずしも自分の期待していたものとは違うことに気づく。自分が得た経験には気づいてくれるものの、反面、異文化で得た物の見方や考え方を、家族や友人が、必ず受け入れてくれない場合が多い。とくに「あちらにイカレル型」(自分の文化の良さや自己の主体性、アイデンティティを放棄したグループに属し、「その国一辺倒」に陥りやすいタイプ)の部類に入る人は、再入国後の対人関係においてフラストレーションを感じることが多い。強烈な復帰カルチャー・ショックを体験した人の中には、従来の日常生活のシステムに戻れず、対人関係もうまくいかず困難に直面し、それを克服できずに再び海外に戻ってしまう人も存在する。たいていの場合は、家族や友人、知人、日常生活のルールや慣習を思い出しながら馴染んでいくものである。

98

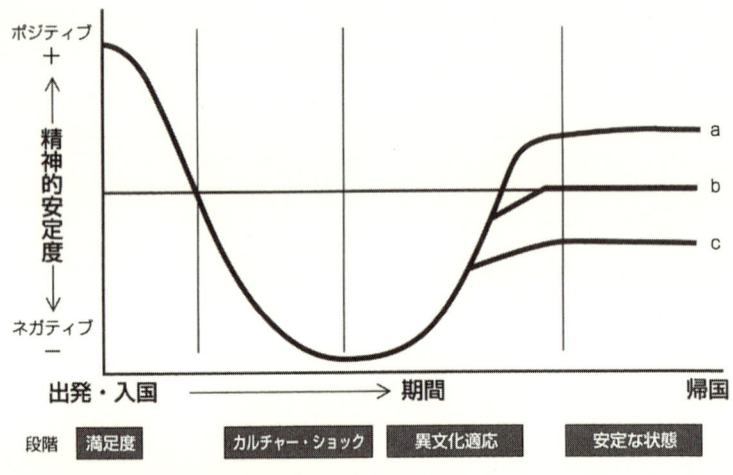

グラフ縦軸: ポジティブ + ／精神的安定度／ネガティブ −
横軸: 出発・入国 → 期間 → 帰国
曲線終点: a, b, c

段階: 満足度 / カルチャー・ショック / 異文化適応 / 安定な状態

ホフステッドの異文化適応の「U型曲線」に基づく。

図　相手の文化や文化価値について（ベネット・モデルを参照）

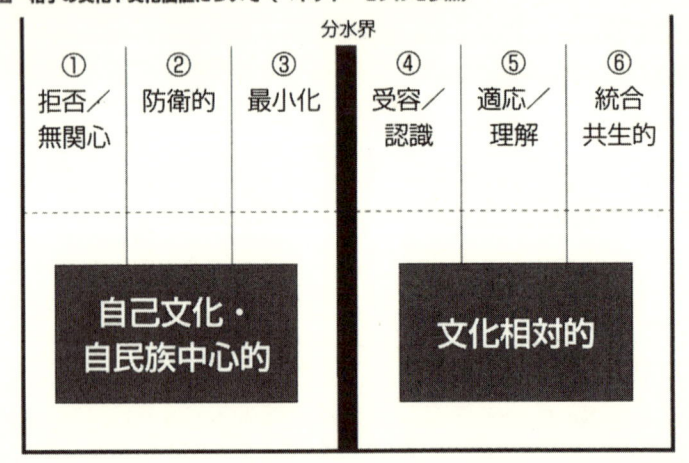

分水界

① 拒否／無関心　② 防衛的　③ 最小化　｜　④ 受容／認識　⑤ 適応／理解　⑥ 統合共生的

自己文化・自民族中心的 ｜ 文化相対的

『多文化共生時代のコミュニケーション』（ゆまに書房）p.85の２種類の図

夏目漱石とカルチャー・ショック

　夏目漱石の例を挙げてみよう。漱石は、東京帝国大学在学中から、英文学者として注目されていた。英文学の主任教授ジェームス・M・ディクソ

ンの著書『Dictionary of idiomatic English Phrases』について猛勉強する。漱石文庫には漱石の遺した資料が所蔵されており、その痕跡が窺える。漱石は、1900年（明治33年）に、政府の国費留学生として横浜港からイギリスに向けて出発した。ところが、船に乗った瞬間、船内でイギリス人夫婦の間で交わされている日常英語が、これまで自分が習っていた英語とは全く異なっており、理解できずに自信を失う。これが漱石の最初のイニシャル・カルチャー・ショックである。

　留学先のロンドンでも、下宿にこもりがちになり、ひたすら本を読むことに没頭した。精神的にも不安定な留学生活を送った漱石が見たイギリスは、産業革命が進み、今でいうグローバル化が最も進んでいた、世界の中心地でもあった。また、当時は円安の時代だったため、「食べ物代にも外の出た時、一寸昼飯を一皿位食べればすぐ六、七銭はかかり候、日本の一円と当時の十円位が相場かと存候」と記している。

　2年間の留学生活は、苦痛の連続であった。漱石は帰国後の講演で、西洋を追いかける文明開化は「外発的」で「上滑り」であっても、受け入れざるを得ないと訴えた。さまざまな問題を孕みながら、深化するグローバル経済への対応を迫られる現代日本にもそれは通じる。

　漱石がイギリス留学で経験したカルチャー・ショックが、後に小説『吾輩は猫である』の発表につながり、これがきっかけで漱石は文豪への道を歩みだすことになる。したがって、文豪としての漱石は、東京ではなくロンドンから生まれたと言える。

ステレオタイプ
　次に、多文化理解の落し穴である「ステレオタイプ（固定観念）」について考えてみよう。

　　人種は、今なおこの国〔アメリカ―引用者〕において『強力な力』となっており、私が取り組まなければならないステレオタイプがある。しかし、私は、人は相手を知るようになれば、相手の良さで判断するようになるのだということが分かるようになった。(Barack F. Obama,

Hopes and Dreams）

　ステレオタイプとは、比喩的にいえば「頭の中にある画像」である。つまり、他の国の人々や民族・集団に対して、映画やテレビなど、メディアを通してフィルター化された固定観念のことである。この言葉は、アメリカの有名なジャーナリストであったウォルター・リップマンが1920年代に使い、コミュニケーションの分野で用られるようになった。

　ステレオタイプとは、人々が抱く先入観、凝り固まった定型のカテゴリー化に関係する。日常生活でコミュニケーションを行う際、頭の中の画像によって物事を決めがちである。また、我々が物事を知覚する場合、何かしらのカテゴリーに分類する傾向がある。人間は、自分とは異なる文化バックグラウンドを持つ人を、その人の属する集団につきまとうイメージでのみ解釈しがちである。

　とくに、各国の文化に関して論じる場合、どうしても話題がステレオタイプになりがちである。たとえば、アメリカ人はイギリス人を「形式ばかりにこだわって気取っている」と見なし、イギリス人はアメリカ人を「カジュアル過ぎる」と分類する傾向がある。だが実際には、アメリカ人よりカジュアルに振舞うイギリス人もいれば、イギリス人より形式を重んずるアメリカ人も存在する。問題となるのは、ステレオタイプが状況を正確に捉えているかどうかである。

　また、日本とアメリカのコミュニケーション・スタイルの研究では、二つの局面が比較・対照される。

　まず、アメリカ人の対人コミュニケーションは、オープンで平等であることが重視されている。たとえば、企業において上司と部下の関係は対等である。上司はあくまでも「機能的」に分けられているに過ぎない。

　IBMなどはマトリックス組織の典型であり、地域別の上司と商品別の上司が2名いるが、実にうまく機能している。それに対し、日本でのコミュニケーションは上下関係によるピラミット型である。近年、若い幹部も増えたが、それでもなお、年功序列の風潮が強い。

　次に、物事の可否を決める意思決定は、アメリカは個人（責任者）が決定権を持っているが、日本は集団主義を重んじる文化なので、集団のコン

第5章 記号言語圏〜言語と文化とコミュニケーションの関係〜　*101*

図　正規分布としての文化

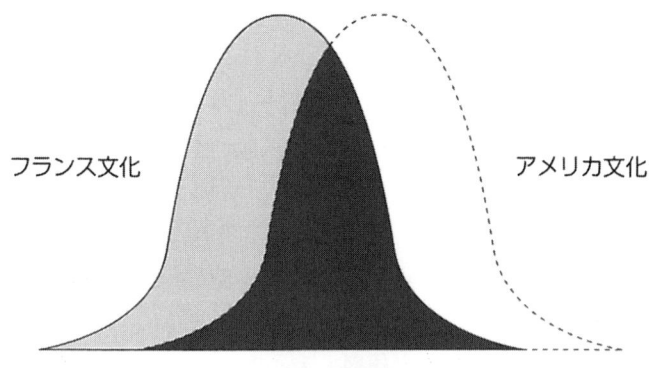

フランス文化　　　　　　　アメリカ文化

規範／価値観

図　文化とステレオタイプ

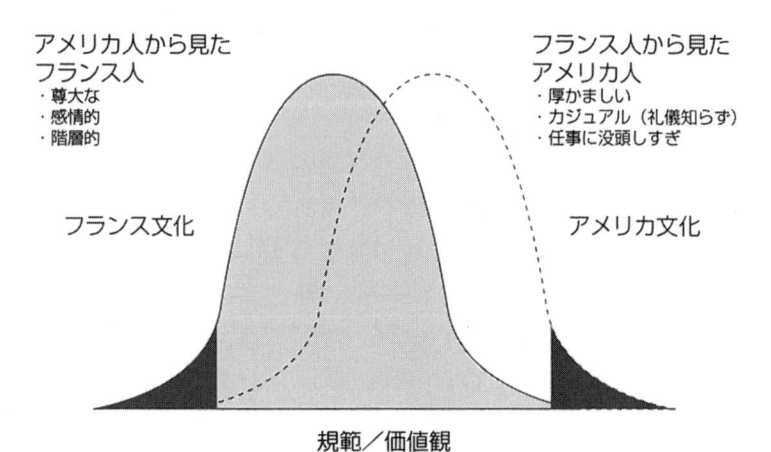

アメリカ人から見た
フランス人
・尊大な
・感情的
・階層的

フランス人から見た
アメリカ人
・厚かましい
・カジュアル（礼儀知らず）
・任務に没頭しすぎ

フランス文化　　　　　　　アメリカ文化

規範／価値観

出典：Trompenaars&Hampden Turner,
　　　Riding the Waves of Culture, N.Y.McGraw Hill, 1998参照

ステレオタイプの図『多文化共生時代のコミュニケーション力』p.87

センサスで決めるなどである。ただ最近、日本の大学でも留学生が増えており、留学生の中には、自分の国は日本より上下関係が厳しく、集団主義もいきわたっているという声もあるという。

　たとえば、オランダの研究者、H・ホフステッドは、全世界のIBM社員11万人に対し、各国別の文化比較を統計的に調査し、権力指向の国別比較を試みた。彼はその結果を『多文化世界』にまとめ、その中で「それぞれの国において、権力の弱い人が、権力が不平等に分布している状態を認め、受け入れている文化である（不平等な上下関係が安定的に存在している）。」と述べている。

　先進国と発展途上国、政府と民間、夫と妻、上司と部下の間などにおいては、上下関係が決まっており、安定した文化が存在する。また、それと反対の文化も存在しており、そこでは誰もが平等であると考えられている。上司も部下も、教師も学生も、親と子も平等という社会である。ホフステッドの研究報告は、ふだん我々が抱いている「ステレオタイプ」は、必ずしも的を射ているとは限らないことを示してくれる。

《50カ国と3つの地域における権力格差指標の値》

（1）マレーシア　（2）グアテマラ　（3）パナマ　（4）フィリピン　（5）メキシコ　（5）ベネズエラ　（7）アラブ諸国　（8）エクアドル　（8）インドネシア　（10）インド　（10）西アフリカ諸国　（12）ユーゴ　（13）シンガポール　（14）ブラジル　（15）フランス　（15）香港　（17）コロンビア　（18）エルサルバトル　（18）トルコ　（20）ベルギー　（21）東アフリカ諸国　（21）ペルー　（21）タイ　（24）チリ　（24）ポルトガル　（26）ウルグアイ　（27）ギリシャ　（27）韓国　（29）イラン　（29）台湾〔タイペイ〕　（31）スペイン　（32）パキスタン　（33）日本　（34）イタリア　（35）アルゼンチン　（36）南アフリカ　（37）ジャマイカ　（38）アメリカ　（39）カナダ　（40）オランダ　（41）オーストラリア　（42）コスタリカ　（42）西ドイツ　（44）イギリス　（45）スイス　（46）フィンランド　（47）ノルウェー　（47）スウェーデン　（49）アイルランド　（50）ニュージーランド　（51）デンマーク　（52）イスラエル　（53）オーストリア

（Geert Hofstede, *Culture and Organization*, MacGraw Hill International

U.K. 1991, Chapter 2 Model)

　以上をご覧になって、驚かれる読者もいるかもしれないが、アメリカは38番目で、イスラエルが52番目で、日本は33番目となっており、これらの国々は平等社会に位置づけられている。スカンジナビアの国々は、さらに平等な社会とされている。またマレーシア、インドネシア、フィリピンなどの東南アジア、グアテマラやパナマなど南アメリカは不平等社会で、権力指向が強い文化のようだ。

　また、この図は国民文化の違いが、各国の人々が組織やプロジェクト・チームを作り上げる場合、どのような影響力を持っているかを知る上で、幾つかのヒントを提供してくれている。参考材料の1つとして活用して頂きたい。

マインドセット

　「マインドセット」という用語は、フレッチャー外交法律大学院教授のグレン・フィッシャーの造語であり、人々が自分の文化の中で培ってきた経験、教育、偏見などを基に無意識の内に固定化された、物事に対する見方や態度のことである。言い換えれば、一方的な固定観念、物の見方、捉え方、考え方（思考パターン）や心理状態やメンタル態度のことである。また「カルチュラル・マインドセット」とは、「目には見えない、各文化特有のマインドセット」のことで、各文化の人々が心理的に自らとは違う異質な文化に対する違和感、違和感をさらにこえた不安感や警戒心といった心理的側面、それに各文化の『特異性』なども取り扱うコンセプト」と定義したい。

　たとえば、日本で教育を受けた人のマインドセットの特徴は、①型にはまった学習法（受験などの暗記、または与えられた問題を解くのが得意。待合型）と、②和を重んじ、遠慮、本音と建前、ウチとソトなど心的要素の分別がわかることが挙げられる。

　他方、アメリカ文化の学習法で重視されているものは、①自己主張や、目的達成志向で、疑問を追求し、自ら問題を見つけて解決法を見出せる能力と、②他人には迷惑をかけない自由、冒険心に富み（リスクテーカー型）、

独立精神があり、オープンで開拓精神にあふれ、常に前向きな考え方や行動力があることが挙げられる。

マインドセットは、否定的な響きを持つ言葉であり、しかもステレオタイプより強い印象を受ける用語でもある。

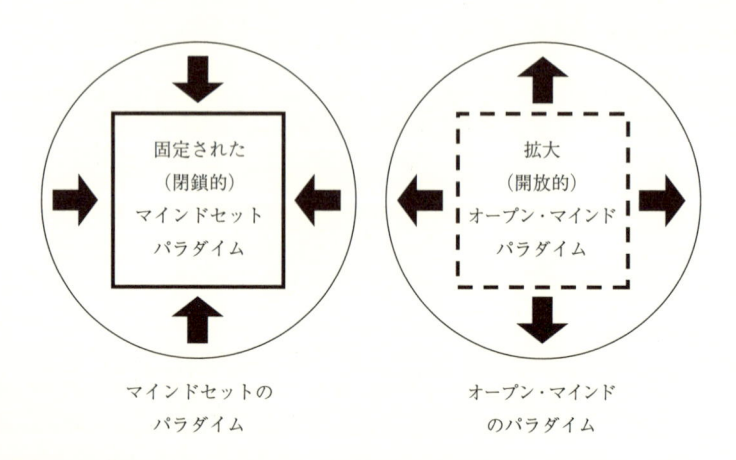

```
        固定された                    拡大
        （閉鎖的）                  （開放的）
       マインドセット              オープン・マインド
        パラダイム                  パラダイム

      マインドセットの              オープン・マインド
        パラダイム                  のパラダイム
```

たとえば、誰かが「あの人は、あのようなマインドセットを持った人物だ」といえば、「頑固で融通がきかず、一方的な見方しかできない人」をさす。国家間の意思決定や、国際取引、異文化間のビジネス交渉やコミュニケーションを営んでいるときには、各文化のマインドセットが心理的な障害物となる場合が多い。

それとは対照的に、グローバル・マインドセットとは自己の文化の壁をこえ、世の中を大きな視野で捉え、予期せぬ世の中の動きやチャンスに対して、脅威となりうることにも理解を示しながら、常にチャレンジ精神を持ち、自らプロとしての成長と組織の目的を達成するためのチャンスとして捉えることのできるマインドセットのことを言う。

多様な文化を相手に活躍する多文化コミュニケーターは、寛容な人が多い。文化や国によって異なる考え方があることを尊重し、想像力を働かせて「なぜ、彼らはあのようなやり方をするのだろうか」と理解しようとする。つまり、文化間の異文化理解を深めるパイプとして道なきところに道

をつけたりチャレンジを試みるタイプが多い。

　また、オープンマインドの人は、自文化中心主義的ではないことが特徴の1つでもある。たとえば「あの文化に行けば、システムが異なるから我々の目的は達成できない」や「〜の国や文化では、そんなことはできない」といわれても、一般の人々の目には不可能と思われていることに対しても「何か方法や問題解決策があるに違いない」と常に模索するタイプの人物のことである。

　多文化世界で生き残るために基本的に必要なことは、まずは自分自身の文化的価値や文化の特異性も含むマインドセットを理解することである。だからこそ自らの文化的アイデンティティも必要となる。

　次に協力したり交流したりする相手の文化的価値やマインドセットを認識し、理解し比較対照する事も大切である。

　「自分達の考え方、感じ方、行動パターンやマインドセットが、異なるのであれば、どうすれば1つの世界の中で互いにうまくやっていくことができるのであろうか？」という問いに対する解答を見つけだす努力も必要である。(Glen Fisher, *Public Diplomacy & Behavioral Sciences; The Role of Culture & Perceptions in International Relations*, & Smith, H., *A Manager's Guide to Globalization*)

第6章　異文化とのネゴシエーション

1　交渉とは？

　交渉（ネゴシエーション）とは、分かりやすくいえば「お互いの意見の食い違いや利害のぶつかり合いを解消し、双方が受け入れられる結論を求めるコミュニケーション・プロセス」と定義できる。

　現代ではあらゆる分野において、これまで以上に世界との対話が必要になってきた。異文化とのネゴシエーション（交渉）も、日常のレベルにまで及んでいると言っていい。

　しかし、国が異なれば、ネゴシエーションの流儀も異なる。それぞれの国の文化や歴史、政治のシステムによって形づくられているのだから、当然である。そのため、異文化とのネゴシエーションには障害も多い（詳しくは引用箇所等も含め拙著『グローバル・ネゴシエーション』〔総合法令出版、2004年〕を参照されたい）。

2　各文化のルールを知っておく

　家族から国家まで、あらゆる共同体には、行動や考え方を律する、目には見えない暗黙のルールがある。それらは、各共同体における正当性があり、同じ文化内の人々に共有され、受け入れられている。

　ただし、そうした各文化に存在するルールは、異文化間の取引や意思決定の重要な要因ではあるが、必ずしも唯一の決定的要因ではない。すべての異文化交渉において、以下に挙げる要素が大きな影響を及ぼすことを知っておくと便利である。

　①「場所」……本国、相手国、中間地点など、交渉をおこなう場所の問題。

②「文化」……相手側の文化的要素が交渉に与える影響。
③「政治思想」……自文化とは異なる相手側の政治思想の情報を得ること。
④「組織」……公共、民間に関わらず組織の構成に関する情報を得ておく。
⑤「政府や法習慣」……誰が意思決定権を持っているのか。トップと直接交渉をすべきか、それとも仲介者を通して間接交渉をしたほうがよいのか。
⑥「マインドセット」……交渉の際に予測される、相手が受け入れられない障害物となりうる物事に対する考え方、固定観念の情報チェック。
⑦「モノクロニック型交渉とポリクロニック型交渉」……「モノクロニック型文化」では、1対1で交渉に臨む。しかし「ポリクロニック型文化圏」では、競合する複数の会社や組織とも交渉している場合があるので、事前に情報を把握し、戦略や対応処置を練っておく必要がある。
⑧「コミュニケーション・スタイル」……相手が話しことばによる「バーバル中心型」なのか、または非言語に力点をおく「ノンバーバル使用型」なのか。
⑨「交渉の流儀」……各文化には交渉の流儀が存在する。日本の組織では、何かを決める際に関係者全員の了承が必要となるため、根回しも必要である。一方、トップダウン形式の意思決定を重視する文化もあるなどの違いを研究しておくこと。
⑩「契約中心か、人間関係重視型か」……交渉の目的にも関連するが、日本などは「人間関係重視型社会」であり、契約書ではなく、交渉者同士の信頼関係を重要視する。欧米の交渉者にとっては契約書にサインすることが取引の締結を意味するが、日本では契約書へのサインは関係の始まりと捉えられている。

以上の10項目に留意すると交渉を有利に進めることができる。

3　文化の境界線を超えた共通項と交渉の関係

　ハーバード経営大学院教授のロッジは、ある国における文化のイデオロギーは、その国でしか通用しない時もあるが、そのイデオロギーは境界線をこえて共有される、「ユニバーサル・イデオロギー」があるという。例えばアメリカの文化価値には次の5つの特徴がある。

　①個人主義
　②私有財産を守る
　③自由な競争
　④小さな政府
　⑤専門分野の細分化

　「個人主義」や「私有財産を守る」とは、自分や家族や財産や権利などを守るのは、自分しかないという基本的な考え方である。銃の所有を禁じようとする立法の試みが歴史的には何度も議会で否決されるのは、そのためである。自己をプロテクトするのは自分であるという「自己管理論」が存在する。アメリカでは競争は好ましいという文化価値が存在する。2008年にGoogleとYahooとの提携に政府からストップがかかったが、それは、アメリカには独占禁止法が存在するためであった。競争を制限する考えは馴染まないという文化が、アメリカ社会には残っている。アメリカ人同士で交渉を行う場合、上記の考え方に反することは正当性の欠落であり、その立場に立つと交渉力は弱くなる。

　では、アジア文化圏ではどうか。たとえば、中国の交渉スタイルはアメリカとは大いに異なる。米国国務省外交研究センターのR・ソロモンによれば、「中国人は慎重に各交渉段階をいわば、ストレート（直線）に進むやり方と中国特有の（独断ではないが）スタイルで交渉を行うことに気づいた。中国側の交渉者の最も基本的な特徴は、彼らの主張に同情的な相手国の官僚を見出し、彼らの公式な相手の中に友好と従順の感覚を築きあげる。その上で、友情、義務と罪の意識をたくみに操作する。これは、一種

の『関係ゲーム』（guanxi）と見なすことができる」という

　ハーバード法科大学院のロジャー・フィッシャーは、「紛争や軋轢を解決するには、色々な視点から紛争を見ることが必要である」と指摘し、そのためには三つの見方があると説いている。

　①自分は問題をどうみるのか。
　②相手は問題をどうみるのか。
　③中立の第3者は問題をどうみるのか。

　相手の視点で対立の争点を見ることができれば、今まで気づかなかったことが浮かび上がってくる。紛争を解決するためには、まず相手を説得し、その考え方や行動を変えねばならない。したがってまず、相手が何を考えているか、対立の争点をどう捉えているかを理解することが必要である。問題なのは、相手に問題が見えていない場合、または見ようともしない場合である。たとえば、六カ国協議で北朝鮮側との交渉が進まない要因の一つには、北朝鮮側が「正当性」という問題提起を避けるか、見ようとしないためである。

　では、紛争を解決するためには、どうすればよいのか。

　①紛争解決の前に立ちふさがる問題を明らかにする。
　②問題を予防し、回避する方法を考える。
　③問題を克服する方法を考える。
　④最後に行動プランを提示する。

　以上の4点は交渉のアートを突きつめるには避けて通れない要素である。

4　ラショナル思考と交渉力

　ラショナル思考という訓練法をご存じだろうか。時折、「交渉力を培うためにはどうすればよいか？」と質問を受けるが、ラショナル思考を培うことも交渉力を身につける上で必要な条件の一つといえるので、紹介して

おこう。

　ラショナル思考とは、チャールズ・H・ケプナーとベンジャミン・B・トリゴーの二人が生み出し、NASA（米国航空宇宙局）で活用された訓練法である。彼らは、NASAのトップ集団の中でも、問題に対する対処、危機管理、物事の決め方には個人差があることに気づいた。そうした差異を検討することで、トラブル解決や意思決定の能力を向上させることを目標に生み出された訓練法である。

　ラショナル思考は、次の4つに分類できる。

①問題を察知し、把握しているか。
②問題の原因は何か。その対処法を問う。
③選択肢から、何を選ぶかを探る。
④状況を把握し、今後起こりうる危機や不安に対してどう備えるのか。

　ただ、①に関して、直面する「問題」に気づいていない、あるいは想定できない場合、それこそが大きな問題となる。世界のビジネス分野では、文化を超えた提携が進んでいるが問題も多い。グローバル化が進み日本の企業の海外進出が盛んになるにつれ、日本の関係者も外国や異文化の担当者との交渉を迫られるであろう。これからの時代は上記で取り上げた項目もインプットし、交渉力を培い異文化ネゴシエーションに備えてほしい。

第7章　グローバル化とその種類

　今、世界中で盛んに論じられているのが「グローバリゼーション」である。これに関しては、「ふだん着のグローバリゼーション」と題して拙著『多文化共生時代のコミュニケーション力』の中でも論じたので、以下では、①グローバリゼーションの概要、②2008年の金融危機以後、注目されている「予測型ローカライゼーション」と「対応型ローカライゼーション」、について述べてみたい。

1　グローバリゼーションの概要

　グローバリゼーションとは、世界の一体化が進み、国境を超えた共通の経済やビジネス・チャンスや活動が増えることを肯定的に捉えた社会現象である。が、反面ローカルな文化や習慣を踏みにじる面も有するため、否定的な意見も多い。実際、グローバル市場の動きと波長を合わせて、その潮流をうまく泳ぐことができない社会や地域が存在することは事実である。グローバル化の波に取り残されている人も多いのである。しかし現実には、多くの人にとってこのグローバル化はもはや止められないものでる。それに伴って多文化間の対人コミュニケーションやグループ管理にも変化がみられるようになってきたことも確かである。
　一方、グローバリゼーションという言葉からは、アメリカが世界に影響を及ぼしているというイメージを受ける。時として、これは「アメリカナイゼーション（＝アメリカ化）」と同一視される。しかし、現実にはアメリカのほうが「グローバリゼーション」の影響を受けていることも確かである。
　たとえば、ハワイのホテルに巨大な投資を行っているのは、中国やインドやイスラム圏の投資家である。知的財産や知的産業、不法移民の大量流入、エネルギー資源、情報技術、アニメに象徴される日本からのポップカ

ルチャーの流入、野球のイチローや松井秀喜がプレーするスポーツ界など、アメリカも激しいグローバル競争の圧力下にさらされている。9.11事件以来、テロ問題で揺れている中東系の投資家や会社は、豊富なオイルマネーを手元にアメリカ（それに欧州）での買収を活発化している。

　ではそのようなグローバリゼーションを押し進めている力とは何か。

　まず考えられることは、経済の動きであろう。経済学者は、資本の移動はグローバリゼーションの要であると述べている。（これに関しては、第1章の、文化を支える要素の一つである「4　経済・商業圏」のセクションを参照されたい）

　たとえば、輸出で稼いだ世界の工場、中国や中東の石油産出国の余剰金が欧米市場に流れ、アメリカの銀行の長期金利の低位安定が続いた。しかし、それが住宅バブルとなり、サブプライムローン問題に発展した。その結果インフレが進み、国際金融の混乱が生じた。世界経済は一時の困難期を迎えたが、これを乗り越え、再び軌道を戻すと予測されている。

　経済の動きが地球規模になる一方で、国家の関与は弱まり、個人の多様性が昔と比べられないほど増えた。政治経済学者の猪口孝の言葉を借りれば、「狭い日本だけを対象にした思考や考え方では理解できないことが増え、お上（政府の官僚）のパワーやスピードもなくなったのである」。また個人の好みや嗜好も、もはや画一的ではなくなったのである。

　次に、ITの情報技術や飛行機などを含む輸送技術の発達に伴い、人と物、情報の移動、それに流通のコストが低くなった。とくに1989年以後、旧社会主義国や発展途上国の市場経済への統合が進み、そのため世界中で自由に貿易ができ、資本の移動を保障する枠組みができたのである。

　では、グローバル化に対して、私たちはどのように対応しているであろうか？　人間は危機に直面したり、景気などが急激に下降局面に差しかかったときに、次の4つの行動パターンをとる。

①早い段階で事態に気づき、情報をキャッチし、すぐに行動を起こす。
②推移する状況に対応して、行動を起こす。
③何が起きているかを慎重に見守る。

④何が起きているか分からないまま立ちすくむ。

一般的には、4番目の行動を取る人大多数であるというのが現実で、不安感ばかりが蓄積されている。

2　予測型ローカライゼーションと対応型ローカライゼーション

では、グローバル化が進む世界で、今後われわれに求められるものは何であろうか。R・ロバートソンは、「グローバル化してゆく世界で異質性や多様性を主張することが、グローバリゼーション理論には不可欠」であり、グローバリゼーションはローカルに合わせて形成されると述べている（Robertson, R. 1992, *Globalization：Social Theory & Global Culture*；Bryman, Alan 2004, *The Disneyization of Society*,）

R・ロバートソンは、グローバリゼーションがローカルな力と出会う際、二つの基本的な形態が存在することを発見した。これが「予測型ローカライゼーション」と「対応型ローカライゼーション」である。

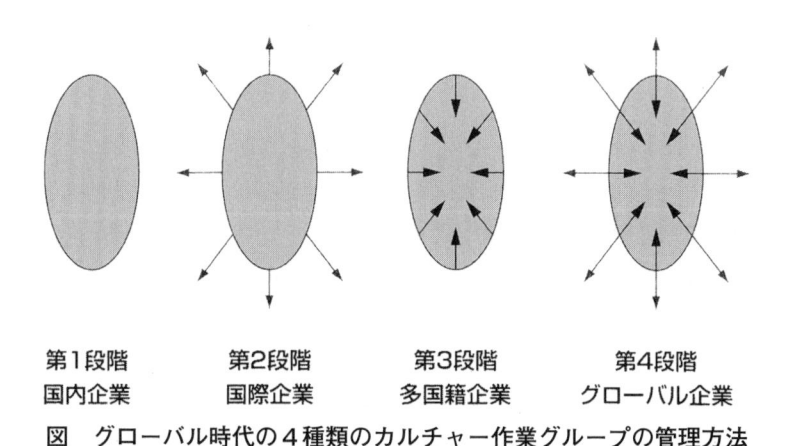

第1段階　　　第2段階　　　第3段階　　　第4段階
国内企業　　　国際企業　　　多国籍企業　　グローバル企業
図　グローバル時代の4種類のカルチャー作業グループの管理方法

筆者の考えでは、これまでの「地球規模で考え、地域に合わせて行動せよ」という時代から、金融危機以後の今後の世界は、地域の経済効果も上がる「地球規模で考え行動し、地域ごとの地酒や郷土料理を味わい楽しもう！」という時代に移行していると思う。では具体的に「予測型ローカライゼーション」と「対応型ローカライゼーション」について触れてみたい。

予測型ローカライゼーション

「予測型ローカライゼーション」とは、たとえば、アメリカのシアトルで生まれたスターバックス・コーヒーがアメリカ以外の文化で受け入れられる場合、相手国のホスト文化における受容のされ方を予測し、スターバックス自体の企業モデルや原理を、ローカルな条件の中で適応していく場合である。

新しい異文化の市場に参入する場合、サービス会社はサービスとその提供の方法をホスト文化に合わせ、微調整することで、受容の予測を行う。そのためには、ホスト文化の商慣習やシステムについての知識が求められる。また、そうした情報を提供してくれるミディエーターの確保も必要である。

対応型ローカライゼーション

一方、「対応型ローカライゼーション」とは、ローカルなシステムやホスト文化に接触した結果として、その企業がサービスとその提供方法を適応させる必要がある場合、また求められたときに見られる現象である。例えばマクドナルドの「月見バーガー」などは、その一例である。また、この対応型ローカライゼーションを取り入れた企業は、当初は「予測型ローカライゼーション」に取り組んでいたが、準備不足などでホスト文化のビジネス習慣やシステムを読み違ったと感じていることがままある。グローバル企業が、商品やサービスを海外に移植する場合、多くの見えないリスクを伴うことは避けられず、グローバルとローカルのバランスをとることは容易なことではない。

日本におけるグローバル化への対応

　日本がとるべき方策があるとすれば例えば法人税減説である。日本は、他の先進主要国に比べて法人税が高い。このため、企業の国際競争力の維持が難しく、これが国内経済の停滞の大きな原因の一つにもつながっている。主要国の法人税は25〜30％だが、日本では40％を超えている。そのため、外資系の国内誘致による雇用をつくりだすのが難しく、それが若者の雇用の停滞にも影響を及ぼしているのである。

　たとえば、日産は2010年春、小型車の「マーチ」のモデルチェンジに合わせて、日本からタイに工場を移管した。その背景には、日本での生産を不利にしているいくつかの要素があった。タイの法人税は日本より10％近く低い。また、エコカーを生産すれば、さらに減免されるシステムになっている。他にも、タイは他の東南アジア諸国連合（ASEAN）やオーストラリアと交渉を通して「自由貿易協定」を締結しており、締結国向けの輸出は関税が免除されるのである。一方、日本からの輸出は、タイ向けが80％の関税を課せられ、他のASEAN各国にも高関税が課せられている。加えて日本では、派遣労働関連の規制強化など、労働力が確保しづらくなる点もマイナス要素としてあげられる。

　日本と対照的なのが韓国とオランダである。自国の経済発展をめざし、観光立国をめざす韓国では、仁川空港をアジアのハブ空港（国際線や国内線が集まる拠点空港）にするため、日本各地にある地方空港からの旅行客を吸い上げる交渉戦略を展開中である。

　仁川は、世界の各都市に一番早く移動できるとの評判が高い。また旅客一人あたりの着陸料は、仁川空港が335円であるのに対し、成田空港が2063円、羽田空港が29,120円となっている。また、仁川空港の就航都市の数が129都市に対し（2011年5月現在）、成田空港が101都市で（2011年5月現在）、羽田空港は3都市のみ（国際線新ターミナルオープン以前）である。日本の空港で世界のハブ空港となりうる空港があるとすれば、それは北海道の新千歳空港である。新千歳空港は、成田空港や関西国際空港よりも北米・カナダと距離的に近く、燃料費も安く済む。千歳を北米・カナダ、アジア、ヨーロッパと結ぶ「ゲート・ウェー・ハブ空港」の候補に入

れるべきである。日本のみならず、北海道の経済成長を考えるならば、国のハブ空港構想の変更が急務である。

次にオランダであるが、オランダにある外国企業数は8,000社（2010年5月）であり、毎年その数が増えている。理由は25％強の低い法人税率に加え、駐在者センターも充実していることにある。日本も各文化からの投資を呼び込む競争力と戦略が必要である。

「ニュー・クール・ジャパン産業」戦略も鍵

その他、必要なものがあるとすれば、ダグラス・マッグレイの言葉を借りるならば、世界を闊歩し、世界の文化に貢献できる多くの若者が多文化や世界で活躍できる「ナショナル・クール」という新たな力、すなわち「ニュー・クール・ジャパン産業」である。（D. McGreay, *Japan's Gross National Cool*）。

「ナショナル・クール・パワー」の考え方は「新文明論」とも呼ぶことができるだろう。たとえば、福沢諭吉が理想とした「文明」とは、「知徳を身につけた人々が活躍できる世界」であったことを忘れてはならない。

従来の「クール・ジャパン」に足りなかった点といえば、文化的要素と日本が得意としてきた匠や技術などの「文化創造」を、国家の経済成長と関連させる視点に欠けていたことである。今後は、コンテンツ産業（アニメなど）とファッション文化、和食文化につながる農業や観光産業、グリーン・エコライフ、地球温暖化やヒートアイランド現象の解決に結びつく新環境産業などについての新戦略を打ち出すことが必要である。そうすれば、新しい分野での雇用も増え、経済の再成長の起爆剤となりうる。

ただし、以下の問題を解決しなければならない。

これまでの日本政府は、クール・ジャパンの育成を、各省のタテ割りで行ってきた。つまり、クール・ジャパンの関連産業は経済産業省、文化交流は外務省、和食の海外PRは農林水産省という具合である。今後は各省庁のタテ割りではなく、ファッションと映画と漫画・アニメ、食文化、伝統芸能や観光といった分野別横断型のヨコの連携を強化する新戦略が必要になるだろう。

グローバル経済の歴史的展開とは裏腹に、政治が内向きになれば、経済がマイナス成長となることは明らかである。政治の柱として、「ニュー・クール・ジャパン産業」も含めた、抽象論ではなく具体的な政策を打ち出すことが必要である。

別の視点－対外対応力をつける
　なお、上記とは全く異なる視点から、グローバル化の対応策を考える意見も存在する。国連に務めていた明石康の提言などが、その一例である。明石氏は「グローバル化に対応するために、私たちに求められていることの一つには、国際的なコミュニケーション能力を身につけることが挙げられる」と指摘する（TOEIC News Letter, No. 100, Nov. 2007）。
　明石氏が国連に勤務していたとき、生活や文化、教育制度などが異なるさまざまなバックグランドを持った人々と一緒にチームを組んでいた。異文化に育った者同士で向き合ってみると、国際政治について同じような問題意識を持っていたり、共通の話題がたくさんある。大切なことは、お互いを理解した上で仕事をやりとげることで、高い成果を上げることができるという（TOEIC News Letter, No.100, Nov. 2007）。
　また、グローバル化に対しては、多文化間のコミュニケーションを通した相互理解が不可欠という意見もある。ただし、これは容易には築けるものではない。ではどうすればよいのであろうか。
　まず、お互いの違いを認め合うことから始めることが大切である。最初は、互いに共感できないことも多いかもしれないが、それでもよい。なぜなら、相互理解とは、互いの意見を一致させることではないからだ。また、相手の文化や社会を深く理解するためには、語学力を磨き、自由闊達な議論を交わして、互いの意見を学び合えるようになることが必要であると同氏は説く。日本の人は意見の対立を避ける傾向があるが、国際社会で通用するには、ディベートや問題解決型ネゴシエーションの手法をコミュニケーションスキルの1つとして取り入れることも、対応策の1つとして挙げることができる。
　今後、日本の経済成長を押し勧めるには、新しい人材育成が必要である。

その要となるのが国際的にビジネス・産業界、多文化交流、教育その他の分野で活躍できる人材である。交流は互いに何らかの魅力やよさがあるから成り立っているのである。
　また、今後日本の人々が異文化や海外で物怖じせず渡り合うには、多文化を受け入れるリベラルな考えや、自分の考えや主張を堂々と伝えることができる語学力と交渉力が必要であることはいうまでもない。

第8章 「3.11大震災」と日本復興シナリオ
　　　〜多文化との交流ネットワーク〜

　2011年3月11日、金曜日の午後2時46分に巨大地震と大津波が東日本を襲った。想像を絶する未曾有の大津波と東京電力福島第一原子力発電所の事故に多くの人が絶句し、心が揺さぶられた。多くの人びとが天災に対する人間の無力さを知った。「日本のモノなら安全・安心」という神話が原発事故で揺らいだ。

　特筆すべき点は今回の震災は、日本国内の「自文化」の問題ではないことだ。

　CNNニュースやその他のメディアの報道は、世界の多文化社会が日本の対応をかたずをのんで見守ると同時に日本の復興を願っていることを伝えた。

　また、今回の大震災と大津波に直撃された日本に多くの海外の国々から支援の手が差しのべられた。アフガニスタンなどを含む世界130カ国の国々、地域それに40以上の国際機関からの支援の申し出があったとホームページなどでも紹介されている。アメリカ、フランス、ドイツをはじめとするヨーロッパ、韓国、中国、ロシアなど20カ国が緊急レスキュー隊を派遣。多文化からの支援に対して感謝すべきである。

1　日本の支援のために立ち上がってくれた多文化

　中でも、アメリカのオバマ大統領は震災後に速やかに「アメリカは、深刻な試練に直面している日本国民を支援する用意ができている」と発表。ゲイツ長官も「日本の要望に応じる」と述べ、「TOMODACHI（トモダチ）作戦」を通して陸・海・空で日本の被災地域へ援助物資の補給とその他の支援を展開（NHK 3月28日イブニング・ニュース他）特に空母「ロナルド・レーガン」、それに「エセックス」などの揚陸船数隻をフルに活用し

輸送と救助活動を続けた「空母ロナルド・レーガン」(U. S. Pacific Fleets' photostream/ Tags/ronaldreagan 2011：Courtesy of American Consulate General, Sapporo, Japan)

　２万人を動員し被災地に支援物資、医療品、子供達にはおもちゃの輸送と救助活動を続けた。また、青森から福島沖へは駆逐艦５隻、巡視艇１隻を使用し捜索、救難活動を開始した。空前のスケールで自衛隊員と協力する姿に胸を打たれた被災地の避難民、また一般の人たちの姿が印象的であった。その後、中国や韓国、その他の国々からの救援隊も続々と到着し支援活動を行った。
　特に問題となった原発から飛散する放射性物質の拡散防止のため、アメリカは汚染地域で活動できる「遠隔操作可能ロボット」４台を提供し、米原子力規制委員会（NRC）の専門家を派遣して日本側とチームを組み事故の早期収拾プランを計画。米海兵隊放射能対処部隊は大規模な放射能漏れを伴う原発の「予期せぬ・不測の事態」にそなえる部隊で、命令から24〜28時間以内に展開し、緊急事態に対処できる部隊である。
　また、３月30日には、フランスからはサルコジ大統領と、原子力大手で

あるアルバ社の最高責任者（CEO）であるロベルト・ジョーも放射性物質の拡散防止と封じ込め作戦の支援のために来日した。フランスは、アメリカに次いで稼動原発が多い国であるが、これまでアメリカで起きたスリーマイル島とロシアのチェルノブイリ原発事故の処理を行った経験がある。

また、「原発の汚染処理」には、チェルノブイリ原発を身をもって経験したロシアの国営原子力企業ロスアトム社から移動式の汚染処理案を福島第一原発沖に無償で送る用意があることが発表された。ロシアの極東のウラジオストックには、1990年代に日ロが共同で開発し、放射性物質で汚染された液体を処理できる「すずらん丸」が緊急用の大型船として配置されている。この大型船は、福島湾に接岸できる。1日に70トンの汚水処理ができるという。（時事「汚染処理施設提供：日本の判断待ち」（時事通信2011年4月5日））

欧米のトップは「いざ」という時に自らがアクションを起こし実行力を示した。CEOのEという文字はExectiveであり、すなわちExecuteの派生語「執行する・実行する」である。サルコジ大統領もトップセールスマンである。今回の事故処理をめぐって、組織や政府における日本と欧米のトップの異文化マネジメント力の文化差をまざまざと見せつけられた感じがする。

多文化からの温かいサポートは、被災支援者や被災地の復興に最大限に活かされなくてはならない。

2　今後の6つの課題と日本の立て直しに必要なこと

次に今後の課題とわれわれが次に考えねばならないことについて触れてみたい。

今回の大地震と大津波で国民は大災害の悲惨さを等しく経験したが、「アフター3.11」の対策として復興に踏み出す日本には次の6つの課題と取り組まねばならない。ただし、6つとも互いに関連し合っている。

　①「産業とエネルギー源（原発に代わるエネルギーは何か？）」
　②「民間ビジネス外交と日本の安全保障」
　③「国の復興計画と都市計画」

④「財政再建と復興資金」
⑤「情報・通信」
⑥「多文化との連携と交流」

産業・エネルギー源（原発に代わるエネルギー開発）を考える

　これについて考えねばならないことは、原子力に代わるエネルギー源は何か？　である。
　原発問題に関して言えば、東京電力の原発事故の対処を見ると、作る技術はあるが、使う技術や災害から守る技術がないことが暴露された。特に、原子力事業に赤信号がついたので、電力会社や関連企業・産業界では抜本的な修正が必要である。
　原発に代わるエネルギーや燃料の調達のパラダイムシフトが必要である。例えば、今注目されている原発に代わる「オルタナティブ・エネルギー」と「クリーン・エネルギー」である。
　中でも注目されているのが、エコ製品として開発されたソーラー・パワーの「次世代太陽電池」である。商品化が進めば価格も安くなり一般の家庭にも行き渡るという。厚さは原料の変更によって100分の1に圧縮でき、しかも重さは現在使用されている主流の太陽電池の10分の1でシート状にして折り曲げることも可能。自動車のボディに印刷すれば車体が太陽電池になるばかりか、発電する屋根や外壁、ロールカーテンなどにも実現できるという。
　ソーラー・フロンティアとも呼べる「次世代太陽電池」の原料はシリコンではなく炭素や窒素であり、「有機薄膜太陽電池」と呼ばれて、厚さは数百ナノ（ナノは10億分の1メートル）。今後、「次世代太陽電池」を地球温暖化対策として、自動車のみならず飛行機や船舶のボディにも使用してみてはどうか。
　その他のオルタナティブ・エネルギーとして考えられるものに天然ガス、風力エネルギー、マレーシアなどで温暖化ガス排出削減で貢献しているバイオガス発電、それにLPガスなどもある。例えば、LP（液化石油ガス：Liquid Petroleum Gas）ガスは、今のところ日本はガスの供給をインドネ

第8章 「3.11大震災」と日本復興シナリオ〜多文化との交流ネットワーク〜　123

シアやタイなどを通して得ているが、今後はサハリンから北海道経由で本州に輸入するという方法も考えるべきだ。LPガスの利点は、販売業者からボンベの形で出荷され、消費する場所に設置できること。また、パイプラインは不要である。水道と対比すれば「ペットボトルの水」だと思うと良いようだ。都市ガスを、イベント会場や屋台などで使うことはできないが、LPガスなら適当な大きさのボンベを入手すればどこでも使うことができる。LPガスについては、全国全て同じ規格で作られているのでLPガス対応の器具であればどこでも使えるという。また、ウラジオストックでの液化天然ガス（LNG）生産プロジェクトへの参加、それに商社による火力発電所の増強と燃量の調達にも期待がかかっている。北海道電力も2018〜2022年をめどに建設するLNG火力発電所を将来の中核電力と位置づけ、石狩湾新港周辺に建設地を検討中である（「北電会長『原発増設せぬ』」北海道新聞2011年4月28日）。

民間ビジネス外交と安全保障

　外交と安全保障は上記の①にも関連するが、例として言えることは、今ロシアに対しては経済やビジネスの交流事業よりも、政治的な北方領土問題だけが集中的にマスコミで取り上げられ独り歩きしていることである。
　特に北方領土交渉に関しては、メドヴェージェフ大統領が2010年10月29日に北方領土訪問で東京と打ち合わせ合意を取り付けるつもりはないと発言したため、菅首相がその発言を認められないと抗議をした。しかし、これが裏目に出たのである。ラブロフ外相が11月1日に、「日本側の抗議は受け入れられない」と述べ、モスクワの立場を再確認させるために日本の大使を呼びだすことを約束した。（山谷賢量：北海道UHB TV・元北海道新聞社論説委員とのインタビュー）
　これらの事件もあり、北方領土交渉はまた棚上げとなった。
　ただし、ロシアは側には政治より経済を優先させたい意図がある。中国と韓国とロシアは北方領土における共同事業も計画中である。そのため北方領土は今後とも日本には返還されないかもしれない。ロシアは自国のインフラ建設や整備において日本の技術を必要としている。ロシアは日本を

ビジネス・パートナーとして考えている。

　また、サハリンなどでも日本のビジネス関係者や他の分野の人材が必要になってきている。ロシア国内でもトヨタや日産の自動車メーカーが工場を建設したが、それ以外の技術分野において日本からの協力と進出を求めている。

　今後は国と国民の生活の安全を保障するために、ロシアと北海道とのビジネス交流促進を目指す前向きな民間外交も必要ではないか。そうすることにより、例えば、サハリンやシベリアなどからの天然資源も確保でき、国民の生活も保障され、北海道の産業はむろん日本とロシアの経済も栄えることが見込まれる。日ロの外交をビジネス・チャンスと捉えるべきだ。思い切って、ロシア本土とサハリンと日本の間に海底トンネルを建設するという構想もあってよいと思う。

　むろん、ロシア以外の国々との民間外交面においてビジネスも含む協力が必要であることは言うまでもない。アジアで重要なのは、インド、中国、日本と言われている。日米同盟も良好に維持しつつ、政府が協定を結びアジア市場の制度的な統合をフォローアップしてゆくべきである。

国の復興計画と都市計画

　今後、日本の復興に必要なものがあるとすれば先ず、ジャパン・ブランドに深刻なヒビの入った産業界の発想の転換が求められていることである。

　今回の悲劇を繰り返さないためにも、被害の対応と復興を両にらみで進める一元化した組織「復興庁」が必要になるという案が浮上している。特に医療、食料、水道やガスなど「生活のインフラ」と「産業のインフラ」への支援。

　被災対応、復旧復興の経験をもつ神戸などの自治体との協力を得て、東北と他の地域や組織とのより強力で広範囲な連携機関の設置が必要だ。

　日本の市場が混乱する中、欧米の大手金融機関の間でトップが日本を訪問する事例が続いた。米ゴールドマン・サックス、米JPモーガン・チェースや米モルガン・スタンレーなどが駆けつけた。訪問理由は、震災後も日本でのビジネスを継続していくことをアピールする狙いがあったからで

ある。緊急来日したスイスのブレイディ・ドゥガン最高経営者が、その事について3月28日のNHKの夕方のニュースで発表した姿が大変印象深かった。

　日本が経済的に潤っていた時代には、企業は「研究開発費」に投資をつぎ込み世界の企業と競争し技術力、品質管理、安全性の面でもトップを走っていた。

　問題は(1)今では、多くの企業は、資金を貯めるだけで、「研究開発」には多くの資金をつぎ込まなくなった。そのため多くの新卒の学生や若者を採用しなくなった。国際社会で立ち遅れる前に、民間企業ももう一度、1960年から1990年代の日本の経済活動を見直し、研究開発にも力を入れ、組み立てなどを他の国々に任せ生産する「モジュール化」のための技術開発を行い、多くの若者が日本国内に限らず海外でも働けるシステム作りをしてはどうか。

　(2)次に現代の日本は「ハイテクに強いがセールス交渉に弱い国」と言われている。つまり異文化ビジネス交渉が下手ということである（第6章を参照されたい）。ハイ・テクノロジーと特許の数も多い。ただし、マーケティングとセールスが下手だといわれている。例えば、外国に出かけて物を売ることができなくなっている。日本の企業は内向きの国内向けが主流であり、社長などが英語でビジネスも行わないし外国や異文化のことに精通していない。したがって、世界を相手にマーケティングする能力が欠けているようだ。他のアジアの国では、欧米にいる同じアジアの人と連絡を取り合ってマーケティングを行いビジネス・チャンスを拡大している。今回の大震災を機に日本も新しいタイプの異文化ネットワークを柱とするビジネス新戦略を考えてはどうか。

財政再建と復興資金

　逆説的だが、今回の大震災とそこからの復興の必要性は、経済活動が活発になるきっかけとなる可能性があるとも言われている。政府は復興事業のために必要な補正予算（25兆円前後）を提案することになる。政府（2011年4月現在は菅内閣）は、消費税率引き上げのため、今回の震災を

主な理由にするかもしれない。消費税を5％引き上げると不安定な国家財政を立て直すカギになると見る向きがある。また、国が被災者医療の全額負担として1000億円を負担する用意があるという。

　また、アメリカ政府筋の情報によれば、日米両政府は、4月中に東日本大震災復興に向け「日米復興ファンド」を創設する用意があるという。これには日米の企業が出資し日本経団連も参加する。

　なお、日本復興案を考える際に次の2つの構想も考えられる。1つには、経済学者である竹中平蔵が大臣時代に提唱したこともある「都市・環境立国」案である。端的に言えば、都市と環境で食べてゆくという考えである。他の1つは「アジア・ゲートウェー」という構想である。つまり、航空や港湾をもっとオープンにし、移民も受け入れ、アジア太平洋の成長や活力を取り組んでゆくことである。第7章の「日本におけるグローバル化の対応」の中でも述べたが、例えば、北海道の千歳空港を、この際思い切って「ハブ空港」に格上げし、北米とアジアそれに欧米のゲート・ウェー空港にすることである。そうすれば、北海道のみならず日本にとってこれまで以上の経済相乗効果を生むことができるわけである。

情報・通信とソーシャル・メディアの出現

　今回の震災は、通信分野にも破壊的な損害を与えた。インターネット回線を含めて151万回線が不通となりコミュニケーションがとれない状況が続いた。危機管理の観点から今後は、ある基地局のエリアの携帯電話に、文字情報を一斉に配信するサービスである「セル・ブロード・キャスト(CBS)」の有効利用が求められている。CBSの緊急地震速報以外の防災情報を流せるのはドコモだけであった。

　また、原子力安全保安院と東京電力の、現状認識、情報の伝達、すなわち「情報ネットワーク・コミュニケーション」のズレが目立った。例えば、パニックを起こしやすい「水」や「食料・食品」への放射性物質混入を巡っての情報開示の方法、タイミングの悪さ。また「危機」に直面し、これまで以上に事態の認識やコミュニケーションの一元化対応が必要な時に、政府と自治体などの足並みの乱れが目立った。

特に日本政府の情報発信の不足と、後手後手の対応や二転三転と変わる情報は、世界の不信感をつのらせた。とにかく、自治体だけの取り組みだけでは限界があるようである。国の責任で誤解や偏見を払拭してもらいたい。

　アメリカでは、国のトップである大統領が危機管理の鉄則として情報源を一本化し、現地対策本部の担当責任者に自ら直接ホットライン電話を通して交信し、現場の実態を即理解でき、かつ行動ができるコミュニケーションズ・システムをとっているが、日本にはそのような官僚主義を排除した危機管理システムがないのが残念であった。（サミュエル・ウォーカー『スリーマイル島：手に汗握る迫真の人間ドラマ』ERC出版、2006年、他）

　日本のトップも今後は、危機管理対策の一環としてアメリカのコミュニケーションズ・システムを採用すべきではなかろうか。

　こうした情報が「実態以上」に深刻な放射能被害として外国メディアに伝えられ、日本の原発技術への疑問が強調された。残念なことに多くの国際メディアが「過剰反応」を示し、東京に暮らす大勢の外国の人々が放射能被曝を恐れ国外へ脱出するという結果になった。新鮮で安全な食品までもがその影響を受けたのである。人体や環境に及ぼす影響について的確な情報を伝えるべきであった。ただ過剰反応を静めるのに貢献したジャーナリストもいたことも忘れてはならない。加えて、もう1つ残念なことは、メディア間の競争もあってか、海外のメディア担当者も日本語が十分に理解できないこともあり、事実ではなく予想や想像でセンセーショナルに情報を伝えたところもある。そうしたことが、混乱を引き起こしてしまった事も確かである。

　話を戻そう。一方、アメリカは原発上空に無人偵察機を飛ばして日本政府より正確な情報収集を提供していた。日米政府の危機管理の際における情報収集に対する取り組みかたと姿勢の違いを国内外に暴露する結果となった。

　今回の震災では、災害通話に代わってメールや、新たに文字情報の新兵器の1つであるツイッター（twitter）などの「ソーシャル・メディア」（詳しくはp.79を参照されたい）のサービスの必要性が再認識されたことも確

かだ。文字情報の方に瞬間的にインスタントに送信でき、相手側につながりやすいことが分かった。

　各自治体も危機管理対策として、インターネット時代に対応した災害情報のあり方を検討すべきだという意見が多かった。「備えあれば憂いなし」である。

多文化との連携と交流

　多文化間との交流ネットワーク作りの必要性。先でも述べたが、今回の東日本大震災と東京電力福島第一原子力発電所の事故を踏まえ、多文化との交流の重要性が再認識されたことも収穫の1つである。

　ただし、福島の原子炉の処理をめぐっては、アメリカ側は、当初日本側の情報が不十分との不満を示していた。例えば、原子炉を冷却する海水の真水への切り替えは、アメリカ側が提案したにもかかわらず、当初日本政府がこの依頼を断り、これが深刻な被害の拡大につながったと海外メディアで報道された。しかし、その後、日本側も緊急の連絡をとり、アメリカの原子力処理の専門家、フランス、その他海外からの支援を効果的に活用することになった。

　また今回の大惨事をきっかけにアジア、欧米、中南米、アフリカ、その他の文化圏に至る全世界で日本を励ます募金活動やイベントが開かれた。

　今回の震災には世界130カ国の国々から支援が寄せられた。原子力安全の分野では、アメリカのみならず日本、中国、韓国のアジア3カ国で協力関係を強化することになった。外務省では、ホームページで英語のほかに中国語と韓国語で震災情報を掲載するようになった。今、国際社会からの温情や温かいサポートは被災者支援や被災地の復興に最大限に生かしてゆかねばならない。アメリカでは、原発業界は極秘に発電機やポンプ、ホースなどの冷却機材の一式を備蓄しているという。しかも、いざという時には米空軍がアメリカ全土のいずれにも運搬できるという「危機管理体制」をつくっている。(New York Times, March 29, 2011)

　今回の震災はわれわれに警鐘を鳴らしたかも知れない。逆説的になるが今回の大震災から新たな発見と収穫もあった。

(1) 困った時には、地域や文化を超えて多文化の人々と互いに助け合うというコミュニケーション・ネットワークができたこと。
(2) 「ソーシャル・キャピタル」（社会関係資本）が今の日本社会には根づいているということ。
(3) 誰もが他人の痛みが分かり、家族や社会のきずな、ボランティア・スピリットなどが、亀裂が走った日本の揺るがない共有財産となり世界からも注目されたこと。被害者の人々のために「心のケア」、特に「医療メンタル・ケア」が必要である。そのためには各地域に医療ケアの施設などを設け専門家を配置することも必要だ。
(4) 国民も物質面中心主義から離れ、むだと贅沢を排除し省エネ・環境との調和を求めるようになったこと。
(5) 最後に多文化からの人々の数々の物心両面のサポートがあったこと。普段は営利組織である日本と世界の企業、それに音楽家、スポーツ選手もその例外ではない。売り上げや利益より、復興を優先したトップが多かった。会社と他の組織と社会が距離を縮め、世代や文化を超え互いに助け合うことは、復興にアクションを起こさなければならない日本にとっても重要な課題である。

3 　安藤忠雄氏やビル・エモットらも説く多文化交流の時代

　最後に、高校卒業後、独学で建築学を学び、建築学のノーベル賞であるプリツカー賞、UIAゴールドメダルを授与され東大名誉教授としても活躍された安藤忠雄さんが日本の復興について多文化交流にも触れながら示唆ある提言をされているので紹介したい。

　安藤さんによれば、これまで国際社会で先頭を切って走ってきた日本は、今ではかつての存在感を失い、国際化の波にも乗れず、将来像がつかめなくなっているという。教育についても明治以来画一的で、政治には信念がないという。そこに大震災が起こったのである。また、「天災には人間は勝てない」というが、人々は自然の猛威にただ呆然とたたずんでいるという。こういった時こそ1人1人が自分に何ができるかを自らに問わねばならないということである。（日本経済新聞「私の履歴書」2011年3月30日）

かつて、ジョン・F・ケネディ大統領も1961年に「国が皆さんに何ができるかを問うよりも、皆さんが国に対して我々と共に何ができるかを問うていただきたい！」と演説しアメリカを再建させゴールデン・ピリオドを築いた。ちなみに、今回3月31日に来日したフランスのサルコジ大統領は、「1945年以来、最大の危機に直面している日本人がみせる勇気と団結力にフランス人は大きい称賛をしている」と国内外のメディアを通して力説した。
　また、安藤さんは、今こそ、国は非常事態宣言を発令し、国民全員が全力で被災地の人々を支えるべきであると言う。安藤さんは「多文化コミュニケーター」でもある。プロ・ボクサー時代にはタイで試合をした経験があり、海外に出て実際に西洋の建築を見て回るため、世界旅行をした経験がある。また、イエール大学を含む世界の大学において客員教授も務めた経験の持ち主でもある。
　特に、日本の若者に対しては、これから国際社会の中で生きてゆくためには、緊張感を持ってチャンスがあれば日本を出て、見知らぬ世界や多文化を体験して欲しいという。好奇心を持って積極的に世界を知ることで自分自身が見えてくるとアドバイスしている。
　多文化での様々な体験は社会を生きてゆく上で大きな糧となり、さまざまな国籍や文化の人々と対話を通した交流の大切さを説いたこともある。そのこともあり、これからの時代には多文化理解と多文化交流が国内の復興を推し進め経済復興の起動力にもなると言う。
　安藤さんは、『アジアは一つ』『地球はひとつ』を実感し、お互い助け合い支え合いながら新しい世界をつくるべき時を迎えており、震災への対応は、日本という国の信用問題にもかかわる重大な問題だと力説する。（前掲書3月23日＆3月30日参照）日本の復興についても、かつての経済大国としての勢いは陰り、存在感が薄くなっていた日本が今こそ、一丸となって厳しい現実に向かわねばならないこと。それは、日本の存在感を再び世界に発信することにもつながると確信されている。
　一方、イギリスの経済学者であるビル・エモットは、「日本人の敗戦以来の忍耐力や禁欲性について疑う人は誰もいない。だから今回も、再建復

興国債の国内消化も可能だろうし、増税も受け入れるだろう。問題は経済ではない。日本国民の考え方にある。日本人はきわめて弾力性の高い民族であり、忍耐強く、国難にあって連帯し団結する。だから、この５年間、閉塞状態にあった国内政治情勢は解決するであろう」と言っている。しかし、「問題は日本人の対外姿勢だ。50年代のように企業家精神を発揮して世界に飛躍していけるのか、それとも偏狭な内向きの政策に閉じこもるのかが問われている。世界が期待しているのは、前向きの活動的な日本なのだ。」(*Newsweek*, March 28, 2011) 安藤さんやビル・エモットが強調するように、今後日本が内向きではなく、外向きの多文化との交流と人的ネットワークを通して日本らしさの復活と国土創造に立ち向かえば、再生することは確かだ。再生の鍵を握るのは民間の活力と若手の創造力といえる。いよいよ、日本の「多文化交流時代への挑戦」が始まる。

第9章　内なる多文化主義

1　アイデンティティを考える

私は「外人」なのか

　私は「外人」に違いない。
　たとえば、私の「ファビオ・ランベッリ（Fabio Rambelli）」という名前は、その長いカタカナの行列のため、書類の中でもひどく目立つ。そしてカタカナに書き換えても、日本語の音声体系には「FA」「MB」「LL」という音がないので、非常に発音しにくいようだ。中には英語ふうに発音しようとする人もいるが、大抵の場合は「ストロベリー」や「ラズベリー」などのエキゾチックなバリエーションのように「ランベリー」と発音されてしまう。けれども、それは私には耳障りに聞こえるのだ。イタリア語は、まさに「ローマ字」なのに、どうしてわざわざその音を台無しにしなければならないのか、と思う。
　いずれにせよ、私のことを知らなくても、私の名前を発音しなくても、文字として書かれた名前を見れば、すぐに「外人」という雰囲気が伝わるだろう。外部性のマークとしての、名前…。
　もちろん、名前だけではない。私の容貌も「外国人だよ」というメッセージをはっきりと伝える。身振り、言葉の訛り、考え方など、すべてが不可避的に、日本の「外」を指し示してやまないのだ。
　私のアイデンティティを考えるためには、哲学や政治学という抽象的な言説ではなく、日常生活における、私自身の体験や考えについて話を進めたほうが、わかりやすいかもしれない。なぜなら、私たちがふだん考えるアイデンティティという観念の批判は、私たちが「外人」という特別な立場に立ったときの、アイデンティティの危機に対する個人的な体験から始まらなければならないからだ。

つまり「外人」という周辺的な立場に立つとき、中心やそれに伴う意味体系の限界がとてもよく見えるのである。こうした「限界」の経験は、表象の危機・批判につながるので、そのとき初めて意味体系やアイデンティティの表象を考え直すことが可能になるだろう。

果たして、私に貼りつけられた「外人」というレッテルは、本当に私のアイデンティティを把握し得るのだろうか。私の存在、歴史、記憶、考え方は、「外人」という単純な枠組みの中で捉えきれるのだろうか。

「外人」とは何か－自己と他者との流動的なアイデンティティー

「外人」という言葉は、いったい何を意味するのだろうか。

言うまでもなく、「外人」とは「外国人」を省略した言葉で、「日本人ではない」「違う国の人」という中性的な意味合いを含んでいる。しかし実際には、より深くより複雑な、象徴的かつ政治的な言葉として使われている。

多くの場合、「外人」という言葉は、ただの外国人ではなく、とくに西洋人、欧米人（また逆差別的な用語で「白人」）—もっと具体的には「アメリカ人」という意味で使われる。そうすると、「非日本→外国人→西洋人→欧米人（白人）→アメリカ人」という代瑜プロセスが起こる。

このように、アメリカ人は、すべての非日本人を代表するメタファーになってしまう。言い換えれば、アメリカ人が日本人ではない人のモデルになっている、ということだ。統計学的にいえば、アメリカ人はいわゆる「西洋人」の約4分の1程度なので、アメリカ人であるよりも、ヨーロッパ人やラテンアメリカ人である可能性のほうがずっと大きい。にもかかわらず、一般の日本人は、自分のまわりにいるのは「アメリカ人」にしか見えないようである。これは現代日本文化が抱える「ポリティカル・アンコンシアス」（政治的無意識）の現れの一つだと思う。

ようするに、アメリカに対する憧れと拒絶、あるいは強迫観念は、アメリカ人というカテゴリーを無限に拡大させ、世界中の「白人」が、外国人としてアメリカ人に他ならないという妄想が出てくるのだ。もちろん、この強迫観念は、現代日本の国際関係の閉鎖性、とくに日本政府のアメリカ

への従順を、同時に隠し／現していると思われる。

　外人（アメリカ人としての）についての偏見、ステレオタイプをすべて挙げることが可能だとしても、必要がないだろう。日本人論・日本文化論の中によく見られる例として、たとえば「外人」は、身体が大きい、声がうるさい、肉をたくさん食べる、臭い、自己中心主義者、歴史や伝統がない、マナーを守らない、自然を克服しようとしている、技術や物質的な側面を第一にする、合理性に従うため美意識や精神性がない、しかし敬虔なクリスチャン……といったイメージがうんざりするほどくり返されている。西の海に散らばっている領土（西洋の本来の意味？）に住んでいる人々は、まさに怪物のようなものなのだろう。

　日本人と非日本人という関係を表す場合、「外人」の他に、もう１つのカテゴリーがある。それは「アジア人」である。日本を中心においたとき、周辺にまず「アジア」があり、その外部に「西洋」がある（アフリカなどはほとんど無視されているようだが）。それだけではない。現代日本の地政学的な閉鎖性は、違うかたちでも見られる。つまり、多くの人々は「アジア＝中国＋朝鮮半島」という錯覚をもっているようだ。

　現代日本のこのような世界像——あるいは、日本のアイデンティティを裏づける「幻想の地理学」は、江戸時代の延長線上にあると思われる。江戸時代、日本文化のアイデンティティを定義するために、三重の円形構造が想定された。それは「日本」を中心として、周辺に「異国」——中国文化圏の影響化にある国・地域・民族があって、さらに外部には「外夷」——横文字で書き、箸を使わず、中華文化圏に属さない野蛮人がいる、という構造である。

　異国の例として、左から右に、中国、朝鮮、琉球王国や蝦夷がある。

　また外夷の例として、左上はルソン（フィリピン）、右下はシアム（タイ国）と天川（マカウ）、それから幻想の国の人々などが挙げられる。外夷の中には、ほとんど知られていなかったり、幻想上の国や民族が多い。

　「日本・異国・外夷」というモデルは、古代中国の国際関係を規定する

第9章 内なる多文化主義 *135*

【図1】異国人

【図2】外夷

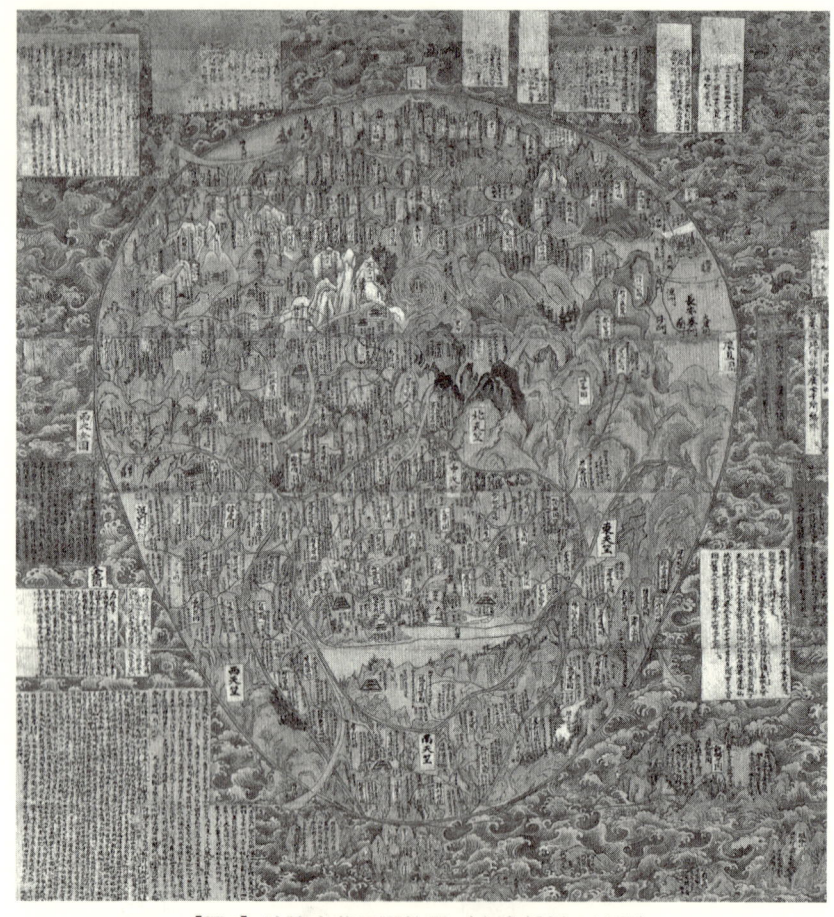

【図3】法隆寺蔵五天竺図（南瞻部州の地図）

モデルだった、いわゆる「華夷思想」の再編に他ならない。「華」とは「中華（中国）」のことであり、「文化」「中心」「内」を意味し、一方「夷」とは「未開」「野蛮」「外」を意味した。

　このような世界像の観念化については後に詳述する。ここではとりあえず、2点を強調しておきたい。1つは、中世から現代までの日本の世界像が、明確に3部分（中心・周辺・外部）に分かれていることである。もう

1つは、文化の外部の表象が、無知、無関心、偏見、ステレオタイプ（固定観念）などによるものが多いということだ。言ってみればそれは、ある文化が絶えずつくり続ける「知のゴミ」のようなものだ。しかし、その他に、外部に対する強いあこがれも存在していたことも忘れてはいけない。

　個人的な話に戻ると、この文化的な「知のゴミ」や「あこがれ」の塊が、日本における私のアイデンティティ（自分とは何か）を位置づけるための根本的な素材になることを主張したい。言い換えれば、それらが外国人の私を「理解」するためのインターフェースになっているのだ。したがって、私のごく個人的な自己像（自己理解）と外部に反映されている理解との間に乖離が起きる。時と場合によって、「私なりに」行動すればいいのか、それとも「日本人らしく」行動すればいいのか、あるいは「日本人が抱いているイタリア人のイメージに沿って」行動すればいいのか……という複雑なジレンマが生まれる。

　アイデンティティは、文化という「制度／秩序」—つまり、抽象的で観念的なレベルの話だけではない。個人的なレベルにも大きな影響を与えている。

　もちろんこれは、日本だけのことではない。それぞれの文化は「知的なゴミ」や「外部に対する憧れの塊」をつくって、「外」（違う文化や異国人など）のイメージをつくる。中には、差異を認める文化、外に開かれた文化もあるのだが、基本的には「外」の世界を表象するために、ある程度の偏見が動機になるのは普通のことのようだ。これからの教育のもっとも重要な課題の一つは、差異を認め、外に開かれた文化や人間をどのようにつくりあげられるかにあると思う。

ケーススタディ：「イタリア人」というイメージ

　私のことを少しでも知っている人は、私がアメリカ人ではなく、イタリア人であることを知っている。しかし、その「イタリア人」というラベルは、私のアイデンティティをうまく定義するだろうか。

　イタリア人というと、文化的につくられた、もうひとつの以下のような否定的なステレオタイプがある。

1980年代の半ばまで、イタリア人は国際コミュニティ、とりわけ日本のマスコミに異端視されていた。インチキ、怠け者、いい加減、道化的といったイメージがあり、西洋社会や先進国の中の「外部」のようなものだったのだ。しかし、1980年代半ばになって、突然その価値が逆転し、それまで「短所」と見られていたことが「長所」に変わった。いわゆる「生活大国イタリア」が始まったのである。

　最近、イタリアの生活には三つの要素——mangiare（マンジャーレ＝食べる）、cantare（カンターレ＝歌う）、amare（アマーレ＝愛する）——があると言われている。しかし私から見れば、これらはイタリアの生活の基本的な要素ではない。むしろ、現代日本の生活——とくに「ナイトライフ」そのものではないだろうか。東京の歌舞伎町や銀座、大阪の難波や梅田、京都の河原町、札幌のすすきのなどで行われているのは、まさに「食べる（飲む）」、「（カラオケで）歌う」、そして「快楽を得る」という三つの要素だろう。そうしてみると、イタリアに付されたイメージは、実は日本社会の「裏」の世界を描いていると言ってもいいのである。

　ようするに、日本の「真面目」という中心的な自己イメージ（偽善）を守るために、現実の世界を「イタリア」というレッテルで周辺化させていくのだ。イタリアという遠い場所、イタリア人という他者によって象徴され、秩序にとって望ましくない部分を周辺化し、相対化させ、その信憑性を否定しようとしているのだ。もちろん、ポリティカル・アンコンシアス（政治的無意識）のメカニズムで否定されている部分が、あこがれの対象にもなるのだ。

　こうした枠組みの中で私と接触しようとする人々が、ある程度、これらのステレオタイプを現実として信じ、それらを期待している場合も少なくない。そして私がその人の期待に応えられないとしたら、私の「イタリア人」としての魅力が、突然消えてしまうことがあるかもしれない。

　そう考えてみると、ただ「イタリア人」に繋がっているステレオタイプも、私のアイデンティティをうまく捉えられないのだ。もちろん、イタリア人についてのステレオタイプは、日本人によってのみつくられているわけではない。イタリアも他の文化と同様に、自己イメージを絶えずつくり

続けているからだ。しかし、それらのイメージによっても、イタリア人のアイデンティティが把握されない部分がある。

　ここで、共通知識としての文化アイデンティティと、個人的なアイデンティティのズレに注目してほしい。

　「日本人」のアイデンティティの場合はどうだろうか。授業で、学生に「日本人とはどのような人なのか」と調査すると、日本人は真面目で、上司を尊重し、信頼できる人というイメージがよく出てくるのだが、本当にそうだろうか。このような答えをする学生の中には、真面目ではない、教員を尊重しない、信頼できない人もいるはずだが、果たしてその人たちは日本人ではないのか。アイデンティティに関する固定観念・偏見の限界が明らかに見てとれる。

　また学生たちに「日本文化とは何か。簡単に定義してください」と言うと、日本文化とは「サムライ」「武士道」「茶道」「歌舞伎」などと定義されることが多いのである。もちろん、日本文化を簡単（この場合「簡単」＝「乏しい」）には定義できないだろうという問題は別として、いまの日本、またこのように答える人の生きた文化とは、ほとんど関係のない文化的要素が提示されるのは、とても興味深いことだと思う。ようするに、日本文化を「武士道」や「歌舞伎」と定義しているにもかかわらず、彼らはその文化そのものを生きていないという逆説である。やはり文化や文化に所属する個人のアイデンティティを、複雑かつ複合的に考える／描ける能力や言説の必要性が明らかだろう。

　ここまで縷々述べてきたが、一つの大きな問題点がある。それは「文化」「国家」「国民（民族）」の曖昧な区分である。多くの場合、この3要素はほとんど同義語として使用されている。「国家」に住んでいる「国民（民族）」は、同じ文化を所有しているという前提のもとで、私たちがある個人の文化的アイデンティティを考えるとき、個の特徴が2次的で偶有のものになってしまう。そうすると、個人の性格も正しく理解できなくなるし、その個人が所属する文化の多様性や複雑性が見えなくなってしまうのだ。

　もちろん、一般的あるいは普遍的なカテゴリーがなければ、個人／個別的なものは理解できない。しかし、普遍的で表面的なものしか見えなけれ

ば、逆に文化の生命やその豊かさが消えてしまうのだ。ここから脱出するためには、安全なステレオタイプによる文化間のインターフェースを避けることが必要だ。文化間のコミュニケーションのインターフェースかつ壁が、文化の外部性を隠そうとしながらも、文化の限界もはっきりと示してくれる。そして、人の理解への障害物になるインターフェースを破ることで、私たちの前に違う世界が広がるのである。

文化＝国家＝民族という図式の限界

　何度も言ってきたように、私はイタリア人のようだ。しかし、その証拠は何だろうか。イタリアに生まれたからか。いや、イタリアに生まれてもイタリアの国籍をもっていない人だっているし、外国に生まれてイタリアへ行ったことはないが、イタリア国籍をもつ（あるいはそれを取得する権利がある）人もいる。私の両親がイタリア人だからか。いや、両親がイタリア人でありながら、その子供がイタリア人ではないケース（たとえば、外国に生まれてイタリアのパスポートを申請していない場合）もある。
　イタリア語を話すからか。いや、これだけでは十分ではないだろう。ある言語が話せるからといって、その国の国籍が取得できるわけではない。たしかに、私のパスポートはイタリアのパスポートである。しかし、これも簡単ではない。イタリアはヨーロッパ連合加盟国だから、私のパスポートは12カ国語で書かれている。その中のいくつかはわかるが、他はわからない。つまり、私のアイデンティティの証拠となる公式書類には、私についての重要な情報が、私自身もわからない言葉で書かれているわけだ。私の公式のアイデンティティは、限りなく曖昧になってしまう。
　それでは、私のイタリア人性はどこにあるのだろうか。
　私は、イタリア人の両親の子供としてイタリアで生まれ育った。これはまぎれもない事実である。しかし、最初に耳にした言葉は、おそらく両親が話していたロマーニャ地方の方言——とくにラヴェンナ県北部のヴァリアント（また、その訛りで発音されるイタリア標準語）——だったと思う。しかし両親は、私にロマーニャ方言を教えてくれなかった。方言ばかり話すと教育によくないと思っていた両親は、子供の私としゃべるとき、いつも

標準（に近い）イタリア語を使っていた。その結果、ロマーニャ方言を理解はできるが、ほとんど話せない。話してみても、とても変なアクセントになってしまう。いずれにせよ私は、自分の言語システムの基になる言葉からいつも離れた状態にいる、という気がする。これは、ジャック・デリダが唱えた、声を中心とする現前の形而上学の批判を意識し、受け入れても、私のアイデンティティに全く影響がないとは思えない。

　私の教養は、イタリアの国立教育制度の結果である。その長所と短所は、私自身の活動によく見えると思う。いうまでもなく、国家教育制度にはその国の「よい国民」をつくる目的があるのだが、伝統的に国家意識が低いイタリアでは、私の教養課程が比較的ひろかったのだ。イタリアのことだけではなく、ヨーロッパや全世界に対して関心を持たせたインスパイリングな先生に巡り会えた。私の教育でも、ただの、単純なイタリア人という感じではないかもしれない。

　私は、19歳のときから大学で日本語・日本文化を勉強し始めた。今まで14年ほど日本に住み、日本の文化や社会を知ることができた。その中には、一般の日本人も知らない専門的な知識も含まれている。しかし、それだけでは日本人になれないのである。

　私は、家ではイタリア語と日本語、研究では日本語や英語、フランス語など、世界各地にいる友人とコミュニケーションする際は主に英語を使う。私が言いたいのは、私のアイデンティティを、既存の「文化＝国家＝民族」というモデルに当てはめて理解することはできない、ということである。国家よりも規模の小さい次元（地域、家族）と、それよりも大きい次元（トランスナショナルの社会ネットワーク）も重要な役割を果たすのだ。

　日本の場合は、地域・地方の役割が制限されているし、国家を超えるトランスナショナルの次元もあまりない（イタリアとは違って日本の場合はEUのような組織が存在しないからだ）。しかし、多くの日本人も、地域と国際社会も自己アイデンティティを考えるのに重要な役割を占めることがあるだろう。たとえば、日本史の教科書は政治的な立場を中心に書かれている。奈良、京都、鎌倉、江戸（東京）……。それ以外の地域はほとんど取り上げていない。とくに北海道の場合は、このことが顕著に感じられ

る。日本人でありながら、日本人として教育を受けるときに自分が生まれ育った地域の歴史をほとんど勉強することができないのは、悲しい逆説だ。

多様性のアイデンティティのために
　もちろん、このような多次元的アイデンティティをもっているのは私だけではなく、大半の人の日常的な経験かもしれない。しかし、単一性—単一国家、単一言語、単一民族の「神話」—を重視する日本では、複雑なアイデンティティを考える思考道具を発展させないように、社会の諸制度が機能しているようにも思われる。

2　文化のメカニズムあるいは多文化主義の論理と倫理

「記号」としての文化
　文化とは、人類の思考と行動範囲を規定し、組織化するものである。生物学的な命を可能にし、それを支えるものとしての第1章で論じられている「生息圏」が想定されるように、人類の「知的な」命を可能にし、それを支えるものとして「記号圏」が想定される。このような記号的空間の中に人間は生きている。ここではまず、文化記号論—とくに「記号」という概念について、少し言及する必要がある。

《a　「記号」とは何か》
　文化記号論における「記号」とは、地図の記号でもなければ、数学の記号でもない。意味を伝えるために使うことができる、すべてのものである。したがって、言葉も、身振り手振りも、モノ（世界にあるオブジェクト）も、すべて「記号」と定義される。たしかに日本語で「記号」は難解な訳語である。英語では「sign」（ラテン語の「signum」からきている）という。おそらく日本語では「しるし」（印・徴・標など）という言葉が、ラテン語の意味に最も近いと思われる。「しるし」とは「しるす」（記す・印す・標す）、「知らせる」「知る」とも関連している。関連語彙として、兆し・兆候・徴候・験・象徴などがある。ようするに「しるし」とは、何らかの要素・側面をもって現実を理解し、伝えるという意味がある。

したがって、記号とは二面性をもつ文化装置である。それは意味を伝えるのに使われる感覚的な「もの」と、伝えようとする「意味」という構成要素である。

近代の記号論の創立者の1人、アメリカの哲学者チャールズ・サンダース・パースは、記号とは「何かが、何らかの関係や資格をもって、違う何かの代わりに機能するもの」であると定義している。何かの代行物としての記号だが、特定の関係や資格が指摘されているということで、記号の存在は、その何かを記号として設定する人間傍観者・解釈者の存在を大前提にしている。

《b　かたちのあるものとかたちのないもの》

人間はかたちのあるもの（オブジェクト）に囲まれて暮らしている。物質的・身体的な要求を満たさないと生きていけないのだ。日本では、人間の生活条件を定義するのに「衣食住」という表現がよく使われるが、この3つの要素だけでは人間の条件が説明されない。なぜなら欲望はそこに入っていないし、人間がかたちのないものにどれだけ依存しているかという特徴もまったく反映されていないからだ。

ここで言う「かたちのないもの」とは、たとえば、考え、欲望、感情、感性、夢などのことである。人間は、かたちのあるものを巧みに利用して、かたちのないものでつくられている内面的な世界を表現する。他人の心や、その苦しみや幸せを理解することはできないと言われる。しかし、これは真実に反することである。なぜなら、私たちも個々に、苦しんだり幸せを感じたりするからだ。表現の仕方が違うにしても、表現される基本的なものは同じだと考えざるを得ない。

文化の周辺論

ある共同体を結成した人間が自分のアイデンティティを確立させるために、その根拠に文化を設定する。自然から切り離された文化は、己をより精密に定義し組織化していく。

まず、文化そのものを「中心」と「周縁」に分ける。中心とは「正統・

正当」であり、文化の最も典型的なモデルである。周縁は、異端的・越境的なものとして中心から排除されつつあるものや、逆に革新的なものとしてまだ中心に到達していないものをさす。

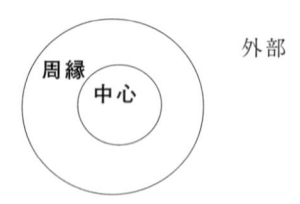

[図：中心・周縁・外部を示す同心円]

しかし、文化の実情を考えると、文化には複数の中心とそれに附随する周縁があると思われる。また、中心・周縁の関係の他に、文化の「外部」もある。

外部は、2つの形態に分けて考えられる。文化の中心から見て、完全に異質なものや、無秩序のものを「非文化」と呼ぶ。また、文化の中心とは正反対の構造原理をもつと考えられている場合は「反文化」と呼ぶ。

したがって、文化の構造を図にすると、次のようなものが出てくる。

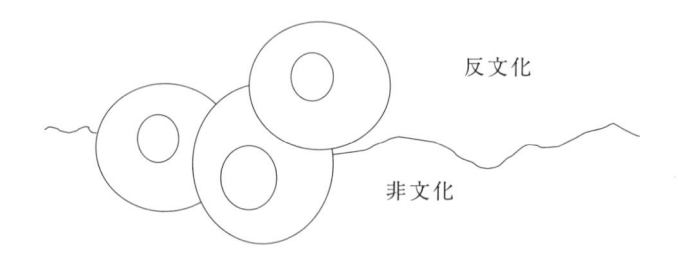

[図：複数の中心・周縁と反文化／非文化を示す図]

中心・周縁と非文化／反文化を描く上記の図を、より論理的に整理すると、次の図が出てくる。

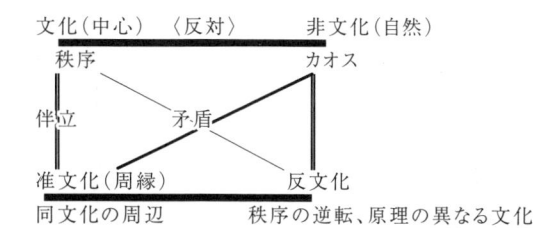

```
文化(中心) 〈反対〉 非文化(自然)
  秩序              カオス
  伴立    矛盾
  准文化(周縁)      反文化
  同文化の周辺   秩序の逆転、原理の異なる文化
```

　この図は「記号論的四角」といい、３つの論理的な関係で構成されている。それらの関係とは「反対」「矛盾」「伴立」であり、あらゆる概念の意味作用の根本的な構造となっている。ただし、これは意味作用の静的なモデルではないことを、あらかじめ理解するのが大切だ。つまり、それぞれの概念や文化的ユニットは、この四角の４つのコーナーに位置することを設定するのが一般的である。しかし、実は、このモデルを構成する６本の線のどの点にも概念などの位置づけを想定することもできるのだ。

　また、同じ文化の中で、ある概念や文化的ユニットが、常に同一の位置づけをもつわけではない。むしろ、解釈者、時代、地域などによって概念の理解の仕方——モデルの上の位置が大きく変わる場合が多い。さらに、同じ文化の中に複数の中心や原理が存在するので、ある概念を解釈するためには、このモデルのいくつかのヴァージョンが必要になる。これで、文化の多様性や多層性がよく現れてくる。この意味で、簡単でありながらも非常に動的なモデルになっている。

　おそらく、客観的で論理的なモデルよりも、これはある文化の「中心」の視点の主観的なまなざしを表象するものとして理解したほうが正しいだろう。その場合は次のような図になる。

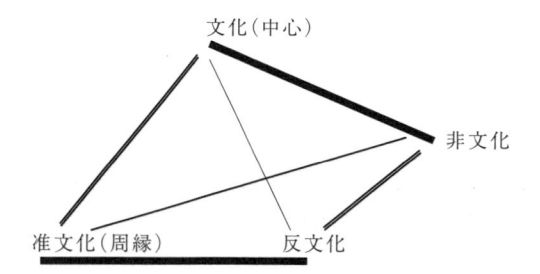

```
        文化(中心)
                    非文化

  准文化(周縁)  反文化
```

文化によって、それぞれの構成要因との関係（距離感など）は、違う長さの線で表せる。たとえば、同化が進んだ（中心と周縁との距離が少ない）、しかも「自然」への関心が強い文化は、次の図で表せる。

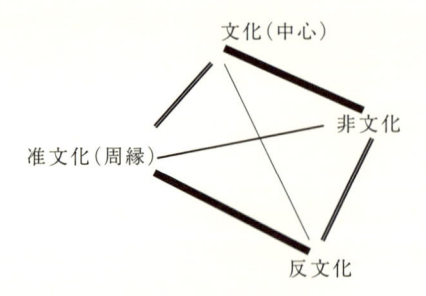

```
        文化(中心)
         /\
        /  \
       /    \非文化
      /    /
准文化(周縁)/
      \  /
       \/
      反文化
```

　しかし、このモデルの可能性を分かりやすく説明するために、以下は四角という典型的なかたちに限定して、話を進めていくことにする。
　このモデルは、ある文化に内在する概念だけを理解するために役に立つのではない。文化が、自己のアイデンティティについて考察するときには、自己の位置をこのモデルの上に設定するので、文化そのもの（全体）の理解にも参考になると思われる。
　ここで、具体的な事例を考えてみたい。たとえば、最近のエコロジーに関する関心は、文化の中心が「自然」の位置への移行を表すものである。

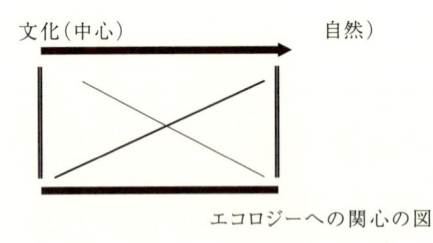

```
文化(中心) ─────→ 自然)
   │  ＼   ／   │
   │    ✕      │
   │  ／   ＼   │
   └───────────┘
    エコロジーへの関心の図
```

　また、革命運動は、正義に反する秩序（反文化に位置するとされる既存の文化体制）を、理想的な秩序へと逆転させる目的をもつ、という解釈が可能であろう。

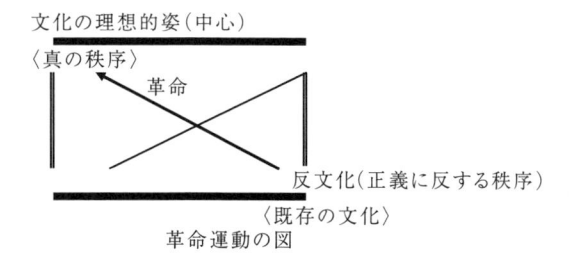

```
文化の理想的姿(中心)
〈真の秩序〉
     革命
              反文化(正義に反する秩序)
              〈既存の文化〉
革命運動の図
```

さらに、流行はさまざまなサブカルチャー（文化の周縁）を中心へと移行させようとする傾向として理解できる。

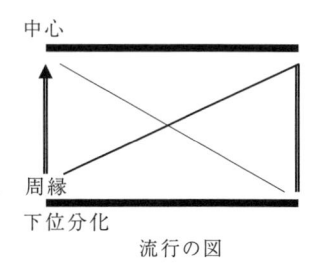

```
中心

周縁
下位分化
   流行の図
```

「文化」が日本文化だとすると、他の位置にどのようなものが配置されるのだろうか。中世日本の典型的な「三国思想」の場合、文化の中心にあたるのは「天竺」（インド）である。「震旦」（中国）は天竺の周辺にあった。そうすると「本朝」（日本）の位置づけは、解釈によって異なる。理想的に天竺に近いという考え方もあれば、天竺が表象する文明にきわめて遠いという解釈もあった。後者の場合、日本が全く文明化されていないカオスの領域か、それとも天竺の仏教理念の正反対の領域か、という可能性も存在したのだ。

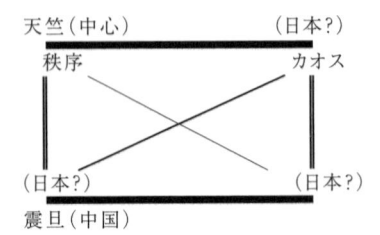

```
天竺(中心)              (日本?)
  秩序                  カオス
  ┃━━━━━━━━━━━━━━━━━━━━┃
  ┃         ╲  ╱       ┃
  ┃          ╲╱        ┃
  ┃          ╱╲        ┃
  ┃         ╱  ╲       ┃
  ┃━━━━━━━━━━━━━━━━━━━━┃
 (日本?)               (日本?)
  震旦(中国)
```

三国思想による「日本」の位置づけ

　中国のアイデンティティの基盤となるモデルである「華夷思想」の場合、次のような図がある。

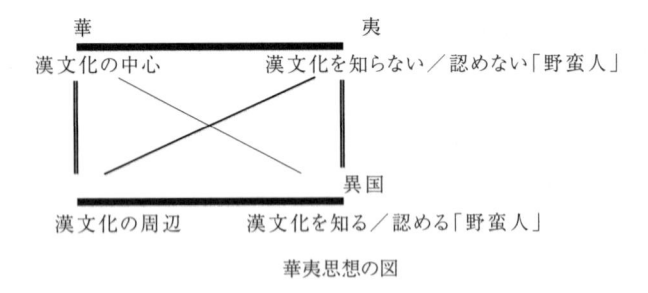

```
        華                        夷
   漢文化の中心         漢文化を知らない／認めない「野蛮人」
   ┃━━━━━━━━━━━━━━━━━━━━━━━━━━━━━━━━━━━┃
   ┃                                    ┃
   ┃              ╲    ╱                ┃
   ┃               ╲  ╱                 ┃
   ┃                ╲╱                  ┃
   ┃                ╱╲                  ┃
   ┃               ╱  ╲                 ┃
   ┃                                   異国
   ┃━━━━━━━━━━━━━━━━━━━━━━━━━━━━━━━━━━━┃
  漢文化の周辺         漢文化を知る／認める「野蛮人」
```

華夷思想の図

　華夷思想が日本に適応されると、次のような図が得られる。

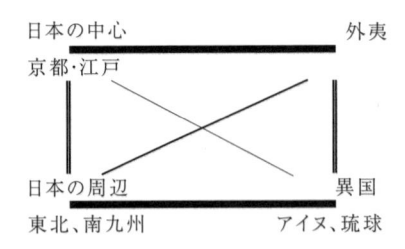

```
   日本の中心                    外夷
   京都・江戸
   ┃━━━━━━━━━━━━━━━━━━━━━━━━━━━━━━━━┃
   ┃                                 ┃
   ┃            ╲    ╱               ┃
   ┃             ╲  ╱                ┃
   ┃              ╲╱                 ┃
   ┃              ╱╲                 ┃
   ┃             ╱  ╲                ┃
   ┃━━━━━━━━━━━━━━━━━━━━━━━━━━━━━━━━┃
   日本の周辺                    異国
   東北、南九州                  アイヌ、琉球
```

　明治期の日本文化のイメージは、次のようなかたちでまとめることができる。

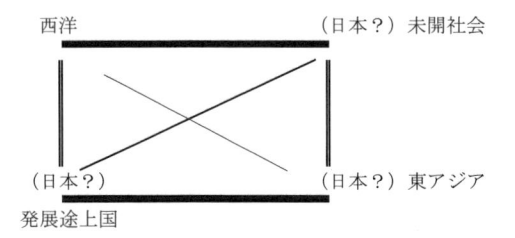

```
西洋              (日本？) 未開社会
 ┃━━━━━━━━━━━━━━━┃
 ┃      ╲   ╱    ┃
 ┃       ╳       ┃
 ┃      ╱   ╲    ┃
 ┃━━━━━━━━━━━━━━━┃
(日本？)           (日本？) 東アジア
発展途上国
```

　つまり、近代化をめざす日本にとって、「近代」という新しい文化の典型的なモデル（文化的モデルの中心）は、言うまでもなく「西洋」（とりわけ北大西洋に面する国々）であり、日本は考え方により、それぞれ未開社会、反西洋的なアジアに所属すると見られていた。近代化が進むにつれて、とうとう西洋という中心に対する「周縁」である発展途上国（准西洋？）まで自己意識を持つようになったのだ。

　現代日本のアイデンティティを考えるときには、文化的な状況が非常に複雑化している。それは、以下の図で表すことができる。

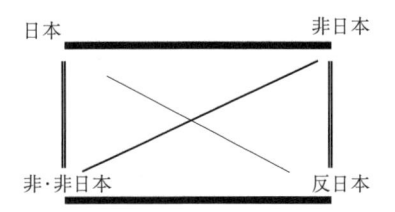

```
日本              非日本
 ┃━━━━━━━━━━━━━━━┃
 ┃      ╲   ╱    ┃
 ┃       ╳       ┃
 ┃      ╱   ╲    ┃
 ┃━━━━━━━━━━━━━━━┃
非・非日本         反日本
```

　そこで、「アジア」または「西洋」や「欧米」は、日本以外の位置をどれも占めることができると思われる。たとえば、

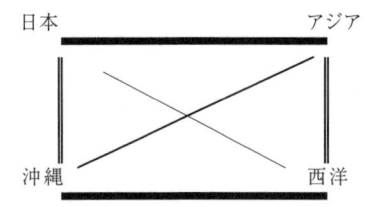

```
日本              アジア
 ┃━━━━━━━━━━━━━━━┃
 ┃      ╲   ╱    ┃
 ┃       ╳       ┃
 ┃      ╱   ╲    ┃
 ┃━━━━━━━━━━━━━━━┃
沖縄              西洋
```

または、

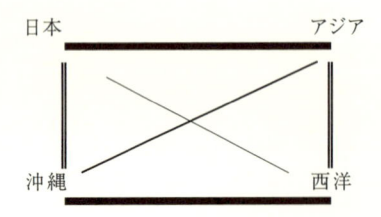

```
日本 ——————————— アジア
    |  \     /  |
    |   \   /   |
    |    \ /    |
    |    / \    |
    |   /   \   |
    |  /     \  |
沖縄 ——————————— 西洋
```

あるいはまた、

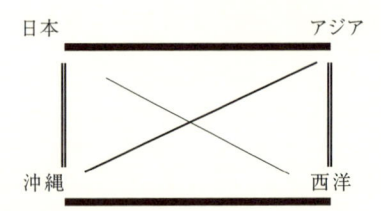

```
日本 ——————————— アジア
    |  \     /  |
    |   \   /   |
    |    \ /    |
    |    / \    |
    |   /   \   |
    |  /     \  |
沖縄 ——————————— 西洋
```

という、さまざまな配合が可能である。より精密に言うと、現在の私たちの世界観では、多くの文化がそれぞれの軸のどこかに位置すると考えられる。

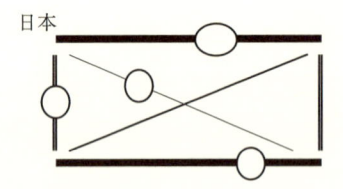

```
日本 ——————○———————
    ○  \     /  |
    |   ○   /   |
    |    \ /    |
    |    / \    |
    |   /   \   |
    ——————○———————
```

もちろん、これらの配合は文化的かつ歴史的な現実ではなく、むしろ幻想としての文化アイデンティティ、あるいは文化のイメージ（自己のイメージと他者のイメージ）に基づくのだ。

したがって、私たちの、ある文化のメンバーの個人的なアイデンティテ

ィは、文化全体の自己イメージによってある程度左右され、場合によってはきわめて単純なものされてしまうこともある。

しかし、先述したさまざまなモデルが示すように、ある文化の自己イメージは必ずしも単一的ではなく、むしろ複数・複合的なものであり、ある文化のある時代においては複数で異なる自己イメージや他者のイメージが共存し対立するのだ。これによって、その文化における外部に対する態度も違ってくるのだ。

文化変容の類型と倫理

文化は、常に他の文化と交流する。異文化交流には様々なかたちがあり、文化間の距離、均衡関係、上下関係などによって、双方のあいだに流れる「テキスト」の量と質が異なる。とくに、テキストの流れが一方的で不均衡である場合、受け入れ側の文化に「文化変容」という現象が起こりやすい。この現象には３つのパターンが存在し、それぞれ「文化変容獲得」（acculturation）、「文化損失」（deculturation）、「超文化化」（transculturation）と呼ぶ。

「文化変容獲得」とは、一般にいわれる「文化変容」を通してある文化が別な文化の要素を獲得し、自文化に取り入れることである。この交流形態では、関わる文化が、互いに均衡の取れたかたちで文化要素を交換し合うので、結果的には、双方とも自己アイデンティティを失わずに成長していく。

反対に「文化損失」という交流形態では、文化同士が不均衡なかたちで関わり合うため、一方が、もう一方の文化から多くの要素を取り入れなければならない状態にある。その結果、本来の世界観、生活様式、諸制度などを破壊し、自己アイデンティを損失してしまう。うまくいけば違う文化に変身する可能性もあるのだが、下手をするとその文化が完全に消えてしまう。

３つ目の「超文化化」とは、文化を超える次元で様々な情報が発信され、対象の文化の世界観とは関係ない要素が、一般的になる現象である。たとえば、世界のマスコミが報道するニュースのほとんどが、アメリカ、イギ

リス、フランスの3カ国で収集・編集されたものである。内容は別として、ある出来事がニュースになるかならないかは、その出来事が起こった場所、また報道される場所とは関係ない次元で決まることが多い。また文化産業（映画、漫画、翻訳小説、大きな展覧会、ファッションなど）も、特定の文化を超える次元で制作される。

とはいえ、世界の文化産業は、基本的にはアメリカやヨーロッパでつくられるものが圧倒的に多い。その結果、世界各地が「西洋的」にならないまま、西洋の曖昧なイメージを取り入れて、少しずつ理念や生活スタイルを変えていく。実は、世界に流れているトランスカルチャー的な要素は少なくない。西洋的なものもあれば、日本の漫画・アニメ、中国の「毛沢東思想」、イスラム原理主義、インドの映画とその象徴世界なども存在する。

文化変容獲得は、多文化交流の健全な形といえる。超文化化は、グローバル化による文化変容の一形態である。この場合、ある文化が他文化にその文化的要素を輸出しようとするのではなく、文化（国家）とは直接関係のない多国籍大企業による動きなので、文化変容獲得とは基本的に異なる。文化損失は特別なケースであり、対象の文化の破壊・消滅に結びつくことが多いので、異文化交流の悪質な事例として注目に値する。

文化損失について詳しく分析する前に、ここまで論じられてきた文化変容のパターンを、先述した文化構造の四角形で次のように描くことができる。つまり、文化変容そのもの（文化獲得）は、周縁や外部にある文化が「中心」と思われている文化形態に接近するプロセスである。

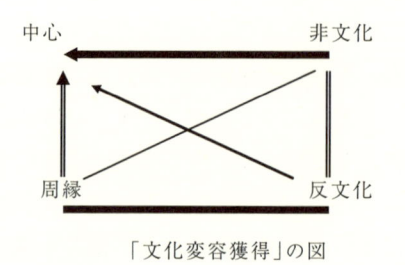

「文化変容獲得」の図

また文化損失とは、ある文化が、異文化交流や文化変容全体のストレス

により、その根本的な構造（価値観、体制、制度など）を失い、カオスのほうに堕ちてしまうプロセスである。

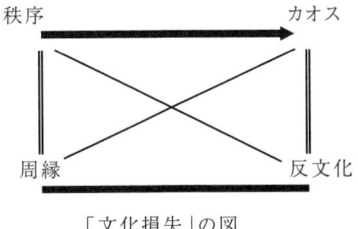

```
秩序 ──────────→ カオス
 ║    ╲    ╱    ║
 ║     ╲  ╱     ║
 ║      ╲╱      ║
 ║      ╱╲      ║
 ║     ╱  ╲     ║
周縁 ──────────── 反文化
```
「文化損失」の図

最後に、超文化化とは、曖昧な中心が流す情報が、あらゆるところに普及するプロセスである。

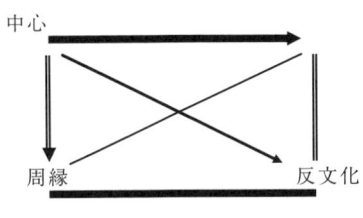

```
中心 ──────────→
 ↓    ╲    ╱    
 ↓     ╲  ╱     
 ↓      ╲╱      
 ↓      ╱╲      ↓
周縁 ──────────── 反文化
```
「超文化化」の図

《文化と交流の倫理》
　他の思想家と同様にF・カッサーノも、文化と交流の倫理について述べている。ここでは、カッサーノが提示する議論を以下の２点にしぼって紹介する。

① 文化の自律性（自立性）を意識し認めることが重要だ。それぞれの文化は素晴らしいものをもっているし、もっと根本的に自律的に存在する権利をもつ。文化制度などを判断する必要があった場合は、外部の基準だけでなくなるべき内的な基準をもとに判断しなければならない。これによって、その文化の内的な原理とその働き方がわ

かる。
②　文化は互いに交流しなければならない。交流を妨げる制度などはよくない。交流は対等の立場で行わなければならない。交流の目的は文化損失でなく、文化獲得—つまり、両方の文化がより豊かになることなのである。

　上記の目標に達成するためには、文化交流障害になるものをできるだけ減らす必要がある。とくに、対立を招く—たとえば自文化の閉鎖的なイメージや他文化への偏見は、極力避けるべきである。その代わり、自文化の歴史の中でもっとも開放（解放）的な側面を強調し、そこから他文化の開放（解放）的な部分との接点を求めることで、真の意味での異文化の対話・交流に向かうことができる。
　過去に、文化間の対立や戦争があったとしても、それらの関係は、単純に戦争だけに還元されない。カッサーノの言葉を借りると、より健全で、新しい交流を可能にするためには、それぞれの文化が、相手に対してもっとも開放的で、もっとも非武装化された自己イメージを主張しなければならない。相手を潜在的な「敵対者」として描き続ける限り、その相手とは有意義な交流がありえない。
　次の章では、複雑な文化変容の具体的な事例として、サンタクロースの文化史に注目したいと思う。

3　多文化としての宗教「サンタクロースの文化史」

序説
　一般的に宗教は、絶対的な従順の要求、区別（差別）、排除、対立の原因として理解されがちである。たしかに宗教にはそういう側面も内包されるし、すべての宗教に潜む原理主義的な運動や言説はこの特徴をもっている。
　しかし、人類の文化史からみれば、宗教とは、紛争、排除、従順のメカニズムだけでなく、むしろ異文化交流や、広義での文化変容を促した要因でもあったことを忘れてはならない。言い換えれば、宗教が文化変容のき

っかけになり、それによって関わる文化が豊かになるケースが多い、ということだ。

　たとえば、仏教がインドから東南アジアや北東アジアに伝わったとき、それらの国々には、新しい信仰だけでなく、インド的な要素を含んだ新しい言説、表象、思考、生活方式などをもたらし、結果的にそれが伝来された文化圏に溶け込み、さまざまな形で既存の要素とかかわり合い、より重層的で多様な文化を生み出した要因となった。

　イスラム教やキリスト教も同様だ。とくに日本では、一神教は排他的で在地信仰を絶滅させるというイメージが強いようだが、実はそうではない。ヨーロッパではキリスト教が、それ以前の「異教」やゲルマン系民族の信仰を完全に破滅させたということは、日本では一般常識になっているようだ。この様子は、日本の宗教史とは著しく異なるが、一神教の排他性によるものとして、欧米の宗教紛争や非寛容の歴史の原因の1つとされている。ところが、このような通説は、欧米と日本との両方の宗教史・文化史に関してはあまりにも無知であると言わざるを得ない。日本の歴史には頻繁に宗教弾圧があったし、欧米（とりわけヨーロッパ）の歴史には宗教的な多様性という現象の事例が多かった。キリスト教に限定すると、それが伝来された地域の信仰、儀礼、表象を想像的に解釈し、導入しなければ、世界的なアピールをもつことができなかったとさえ考えられる。

　本章では、以上のような偏見を打ち破り、より正確な文化理解を促すために、ヨーロッパにおける宗教習合思想と実践の一事例を紹介し、その文化史的意義を検討したい。まずは、宗教が引き起こす文化変容の具体的な事例として、サンタクロースをとりあげる。

　周知のとおり、クリスマスの中心的な存在であるサンタクロースは、福音書が語るキリスト降誕の記述とはまったく関係のない人物で、中世の聖人信仰の興隆と同時に現れたものだが、クリスマスとの関連性には、キリスト教以前の信仰の残滓、またはキリスト教以外の信仰の影響が見られる。

　一般的には有名であるにもかかわらず、サンタクロースに関する文化史的な研究は意外と少ない。これはおそらく、キリスト教のアイデンティティに拠るとともに、学問・分野の射程の限界を指摘するものでもある。キ

リスト教の模範的な自己表象は極力、民間信仰や異教的な要素を排除してきた。同時に、啓蒙主義の伝統を汲む、ヨーロッパ・カトリック文化圏の多くの知識人（民俗学者も含む）は、カトリック教会を批判しながらも、民間信仰を暗黒時代の迷信の残滓と考え、蔑視してきたのである。つまり、キリスト教の模範的な自己表象と民間信仰（在地信仰）との習合思想的な現象を、学問の対象から外したヨーロッパの民俗学にとって、日本の神仏習合思想の研究成果は貴重な比較対象であり、新しいアプローチを促進するために欠かせない刺激になるだろう。

　次節では、ヨーロッパにおけるサンタクロースの文化史を再検討する前に、クリスマスやサンタクロースの一般的な知識をまとめてみたい。

日本で行われるクリスマスの習慣とサンタクロース

　現代のクリスマスの中心になっているのは、祝祭的な雰囲気とプレゼントの交換である。子供には、サンタクロースがプレゼントをもってくるという伝承があり、大人は家族や友達と一緒にパーティをひらく習慣があるようだ。このときケーキが食卓の主役となる習慣があり、日本では主にチョコレートケーキ、イチゴクリームケーキが、ヨーロッパの伝統的なクリスマスのパンやケーキとは異なっている。また日本では、家にクリスマス・ツリーを飾らない家も多いが、全体のシンボルとして、サンタクロースとクリスマス・ツリー、そして街のイルミネーションがある。

　日本では近代に入ってクリスマスを祝う習慣が始まった。1874年、米国長老教会の宣教師の指導の下、東京・築地湊の第一長老教会で催した「クリスマス祝会」で初めて「サンタクロース」が登場する。1898年、進藤信義が日曜学校の子供向け教材として作成した冊子『さんたくろう』（三太九郎）の扉絵は、ロバを従え、クリスマス・ツリーを抱えた、ややドイツ風のサンタクロースであった（教文館。発行は明治33〔1900〕年12月）。また、1928年の朝日新聞には「クリスマスは今や日本の年中行事となり、サンタクロースは立派に日本のものに云々」と書かれるまでになっていた。

　伝統的には、日本で贈与をもたらす神話的な存在は七福神だが、彼らは特定の時期に祀られているわけではなく、しかも共同体的（とくに家族的

な意味をもたない。その信仰は江戸期に流行したが、いまは周縁のものになっている。また、子供にプレゼントが与えられたのはお正月で、その場合、おもちゃよりも服が主な品物だった。子供にとっての祭りは、桃の節句（3月3日）、端午の節句（5月5日）、七五三であるが、それらは子供たちを悪鬼・悪運から守る意味合いが強い。

　近代に入り、しだいに子供が新しい文化的な意味をもつようになると、それをあらわす「祭り」が必要になる。そこで、外来の祝祭であるクリスマスとそのシンボリズムがその役割を果たすようになったのである。また、クリスマスの贈与交換は日本の「お歳暮」という習慣との習合ができた。ただし、輸入のシンボリズムであるからこそ、伝統としてまだ確定しない部分が多い。たとえば、サンタクロースが家に入る方法（開けておいた窓から）や、プレゼントが置かれる場所（枕元、押し入れ）など、家族ごとに違いがある。

　以上のように考えてくると、いくつかの疑問が生まれる。

① サンタクロースという人物は一体、誰なのか。
② なぜ、クリスマスになると一般的に贈与交換が行われるのか。
③ なぜ、クリスマスに特別なケーキを食べる習慣があるのか。

　こうした問いを考えるために、いくつかの点に注意しなければならない。
　まず、クリスマスが日本の社会に浸透したのは戦後であり、アメリカのクリスマスの祝い方から影響を受けたと思われる。したがって、アメリカのクリスマスについて調べる必要がある。またクリスマスの歴史は古代・中世ヨーロッパにまで遡るため、そうした要素も辿らなくてはならない。
　第2に、キリスト教文化圏では、クリスマスは当然、キリストの降誕を祝うことであり、深い宗教的な意味をもつ。クリスマス本来の意味は、日本ではほとんど意識されていない。
　最後に、西洋ではクリスマスは家族を中心とする祝祭で、子供が中心的な役割を果たすようになったのは、近世・近代以降のことである。それ以後、サンタクロースは子供にプレゼントをもってくるようになった。しか

し、いまは家族でお祝いしたり、パーティーをひらくのは普通のことになっている。

それらをふまえて、次節以降、サンタクロースとは一体だれなのか、ということを述べていきたい。

サンタクロースとは誰なのか――コカ・コーラによるイメージの横領

周知のように、現在一般的に親しまれているサンタクロースのイメージは、1930年代にコカ・コーラの宣伝キャンペーンのためにつくられたものである。

1931年、コカ・コーラは新しい宣伝キャンペーンを構想した。それまで主にバールなどで販売されていたコカ・コーラを、スーパーでも販売し、主婦層にも買ってもらうという目的があったのである。そのための第一歩として、子供たちを巻き込む戦略を立てる必要があった。というのも、子供は母親の消費に影響を与えることが発見されたからだ。したがって、子供を魅了するイメージづくりを行わなければならなかった。

この新しい宣伝キャンペーンのデザインを、スウェーデン系のデザイナーであるハドン・サンドブロム（Haddon Sundblom）に依頼した。サンドブロムは、子供になじみのあるものとしてサンタクロースを考えた。

まず彼は、イラストレーターのトーマス・ナスト（Thomas Nast）が1862年から1886年の間に創造したサンタクロースのイメージを土台にした。

その特徴は、北極に住み、良い子供と悪い子供のリストを持ち、赤い服を着、おもちゃがいっぱい入った袋を抱えていること――などが挙げられる。そうした要素をもとに、サンドブロムは、自分の家の隣に住んでいた営業マン、ルー・ペイシェンス（Lou Patience）の外見に着想を得て、新しいサンタクロースを描いた。

このサンタクロースは非常に人気を博し、結果的にはコカ・コーラとの本来の関係が忘れられ、全世界に広まっていった。いま、私たちが思い浮かべるサンタクロースのイメージは、おそらくサンドブロムが描いた姿だ

【図4】トーマス・ナストが『ハーパーズ誌』のカバーのために描いたサンタクロース（Wikipedia より）

【図5】ハドン・サンドブロムのサンタクロース（Lagioia 2005より）

ろう。

　しかし、サンドブロムはサンタクロースに新しいイメージを与えたにすぎない。この伝説的な人物はすでに存在しており、トーマス・ナストが描いたサンタクロースは、すでに商業・消費活動と結びついていた。

　1800年代後半、イギリス、フランス、アメリカなどでデパートが設立された。これは新しい消費社会のはじまりでもあった。それまでは、サンタクロースが年末の贈与という民俗習慣に結びついていたが、以後、彼が持ってきてくれるプレゼントは、新しく販売される贅沢品（おもちゃ、高級

【図6】デパートのサンタクロース（Lagioia 2005より）

菓子類）になっていくのである。

　そこで多くの企業は、宣伝目的でサンタクロースのイメージを利用するようになる。この変質の過程の一例として、サンタクロースの住居は、賑やかで、商品がいっぱい揃っているデパートと見なされるようになった。

コカ・コーラ以前のサンタクロース―聖ニコラス
　コカ・コーラのキャンペーンで変質し、利用される以前、サンタクロースはどのような存在だったのか。手がかりとして、1800年代末から1900年代初めにかけてつくられた絵葉書を何枚か紹介したい。

　それでは、サンタクロースの服装、持ち物、乗り物とそれらのシンボリズムに注目してみよう。
　まず、赤い服（暖かそうな赤い布と白い毛皮）と赤い帽子の原型は、もともとキリスト教会で高い位を占める司教の法衣である。白い衣の上に、赤いマント、そして帽子の「司教冠」（ミトラ）があるからだ。しかし、

【図7】　　　　　　　【図8】

【図9】　　　　　　　【図10】

第9章 内なる多文化主義　163

【図11】

【図12】

【図13】

近代サンタクロースの原型（図7、13は Manson 2005より、その他は Lagioia 2005より）

サンタクロースのイメージにもう1つの原型があった。それは修道士である。しかも、サンタクロースという修道士は、前近代の猟師に限りなく近い（後述）。とくにプロテスタントの国ではカトリックの司教のイメージを避けるため、祝祭的な赤色を保ちつつ、猟師の格好に近い服装が選ばれていた。

サンタクロースの持ち物は、おもちゃと植物である。おもちゃは、1800年代後半からその一般的なイメージと結びつくようになるが、それ以前の映像資料にはほとんど現れない（ただし1600年代の重要な例外がある。これについても後述）。

また、サンタクロースは植物と一緒に描かれることが多い。その植物は、モミの木（クリスマス・ツリー）と、古代からヨーロッパで新年のシンボルであるヤドリギが見える。モミの木についての文献は中世まで遡ることができ、北欧のゲルマン系民族は、冬至の季節にモミの木を伐って家に飾ったという記録が残っている。これがクリスマス・ツリーの起源といわれる。ヨーロッパの他の地域では、1800年代からこの習慣が普及する。一方、ヤドリギは古代ケルト人の聖職者ドルイードが年末頃に収集した、聖なる意味を持つ特別な植物だった。地域と時代によっては他の植物も飾り、様々な儀礼的な使用（占いなど）も記録されている。

聖ニコラス、ミーラの司教

いずれにせよ、サンタクロースの本来の姿は聖ニコラスという聖人である。

聖ニコラスの生涯については不明な点が多い。唯一知られているのは、彼がコンスタンティヌス帝王の時代（紀元306-337）に、現在の南トルコにあたるミーラの司教であった、ということだけである。彼の伝記は582年に編纂されたが、現存しておらず、8世紀初めに書かれた伝記が残存する最も古い文献である。その後、10世紀半ばに、アイッヒシュテットのレギノルドが新しい伝記を書いた。それがとても有名になり、結果、源地の東地中海地方から、北欧にも聖ニコラスの信仰が広まったのである。この信仰の普及過程において、ラテン語の名前 Sanctus Nicolaus（サンクトゥス・

【図14】
聖ニコラス（Cioffari 1997より）

【図15】
聖ニコラス（Lagioia 2005より）

ニコラウス）は、オランダ語の Sinter Klaas（ジンター・クラース）になり、最終的に英語の Santa Claus（サンタクロース）になった。

　聖ニコラスは、多くの奇跡を行ったと言われている。最も有名で、しかもサンタクロースの民俗史に影響を与えたと考えられる奇跡的なエピソードとして、5つほど挙げられる。

　①3人の貧しい娘に持参金を与えたこと
　②冤罪で死刑を宣告された人々を救ったこと
　③飢饉の時期に、工夫して人々に食料を与えるようにしたこと
　④3人の子供を殺し塩漬けにした飲食店の主人を更生させたこと
　⑤アルテミス女神の神殿を破壊したこと

　瞑想や修行にふける多くの聖人とは違って、聖ニコラスは「アクション・マン」であった。正義を促し、子供や青少年を守り、人々に現世利益をもたらす役割を果たすと信じられた。そのために「移動する聖人」と見なさ

【図16】 3人の貧しい娘に持参金を贈与する聖ニコラス（Lagioia 2005より）

れ、航海者、巡礼者、漁師、貧者などを守る聖人として信仰を集めてきたのである。

　さらに、彼の教区ミーラに、アルテミスという安産・豊穣の女神の信仰があったことも忘れてはならない。

　聖ニコラスは、東欧のキリスト教・正教では主要な聖人の1人であり、ロシアの守護聖人になるほど広く信仰の対象となっている。しかし、1087年、南イタリアにあるバーリ市の人々が、ローマ教皇の許可を得て聖ニコラスの遺骨を盗み、バーリに持ってくる、という歴史的な事件が起こった。それ以来、聖ニコラスはバーリの守護聖人になり、熱狂的な信仰の対象になった。いまでも彼の遺骨はバーリの聖ニコーラ大聖堂に安置されており、全世界から巡礼者が彼のお墓を訪れる。珍しいことに、カトリックの教会であるにもかかわらず、聖ニコラスの遺骨が安置されている地下祭室（クリプト）では正教の儀式が行われている。

聖ニコラス、サンタクロースおよびクリスマス

　イタリアのバーリ市では、聖ニコラスの祭りは5月7日と8日に行われるが、正式な時期は12月6日である。初期キリスト教の時代、この日は3週間も続く違反的・越境的な祭りの始まりであった（～12月28日）。それは、教会の正式の典礼と並行して、教会でミサの途中で騒ぎやさまざまな侮辱的な行為を行う、小僧たちが開催していた祝祭であった。彼らは、違反的な行いを指導する「子供の司教」を選んだ。

　この祭りは、古代ローマの祝祭サトゥルナリアのキリスト教版だった。サトゥルナリアは、ローマで12月17日から23日の間に行われた、古代の神サトゥルヌスの祭りである。サトゥルヌスは、神話的な「黄金時代」を司る根源神のため、彼の祭りは無秩序という根源的な混沌の状態を表象する、極端に非日常的な時間であった。サトゥルヌス神祭の王という役を演じる人が選ばれ、饗宴やギャンブルといった様々な逸脱行為が許された。そして最後の日に、サトゥルヌス神祭の王が象徴的に殺されることによって祭りが終了する。ようするに、神話におけるサトゥルヌス神の殺害を象徴するこの行為は、黄金時代の終わりと同時にこの1年の終わりということも表象した。黄金時代という混沌の後、新しい秩序、新しい日常的な1年が始まる、ということを意味したのである。

　ここでは、ギャンブルが重要な意味をもつ。古代ローマ人の考え方では、ギャンブルは占いに近いものだった。ギャンブルにおける「運」は、神々からの贈与と見なされたからだ。したがって、サトゥルナリアの期間中、占いとギャンブルを行うことは神々からの贈与を期待する意味をもっていた。

　4-5世紀頃から、西ローマ帝国の最高精神権威になった教会はサトゥルナリアを禁止したが、あまりにも人気のある祭りだったため、数百年間、完全に抑圧することができなかった。サトゥルナリアの精神は、街から教会の中に移動し、「子供の司教」とその連中の騒ぎとして中世まで続いた。したがって、カトリック教会はサトゥルナリアを弾圧する代わりに、そこにキリスト教的な意味合いを与えようとした。クリスマスの日そのものが、サトゥルナリアの期間中に設定されたのも偶然ではなく、むしろサトゥル

【図17】 イタリア・バーリ市にある聖ニコラス大聖堂（Cioffari 1997より）

【図18】 聖ニコラス大聖堂の本尊・聖ニコラス彫像（Rambelli Fabio）

【図19】 聖ニコラスの遺骨が安置されている聖ニコラス大聖堂のクリプト（Rambelli Fabio）

【図20】 聖ニコラス大聖堂のクリプトでミサを行うロシア正教の神父（Cioffari 1997より）

【図21】 バーリの聖ニコラス大祭の夜行列（Cioffari 1997より）

ナリアをキリスト教的に横領する計画の一環だったと思われる。ここで、民間信仰のレベルで、キリスト教とローマ異教を結ぶ、非常に複雑なシンボルの複合体が現れる。

いつの間にか聖ニコラスは、サトゥルヌス神のシンボリズムを抱えるようになった。しかし、古代・中世のヨーロッパ人の考え方では、年末に贈与をもたらすのはサトゥルヌス（＝聖ニコラス）だけではなかったのだ。

サンタクロースと「ワイルド・ハント」

先に少しふれたように、サンタクロースの原型は、ミーラの司教・聖ニコラスのほか修道士であるが、もともと猟師だったらしい。これは、中世ヨーロッパの民間信仰の一特徴である「ワイルド・ハント」（猛烈な狩猟）に結びついていると思われる。

ワイルド・ハントというテーマは、ゲルマン系民族の神話からきている。キリスト教が伝わる以前、最高神のオーディン（ヴォータン）が、毎年冬至の時期（ユール）に戦没した勇士を率いてこの世を訪れ、狩猟をおこなうと信じられていた。このワイルド・ハントの影響が、カーニバル（謝肉祭）に現れることは夙に指摘されてきたが、サンタクロースやクリスマスへの影響はあまり知られていない。

ワイルド・ハントがおこなわれるとき、子供たちがオーディンの馬（スレイプニル）のために餌を与える習慣があった。長靴の中に、人参や藁、砂糖を入れて、それを家の暖炉の前に置いた。その代わりに、オーディンが長靴をお土産やキャンディーでいっぱいにした。この習慣はドイツやオランダに残り、キリスト教への改宗以降、聖ニコラスの信仰と習合された。オーディンの姿は、聖ニコラス——とくに修道士・猟師の格好の聖ニコラスと、よく似ている。

ユール（冬至）の祭りは、キリスト教以前にもスカンジナビアで行われていた。古代ノルウェー人が、このときに豊穣・多産性の神フレイルへの生贄として、豚を捧げた。この儀礼は、現代でも「クリスマス・ハム」という習慣として継続されている。

【図22】馬スレイプニルに乗ったオーディン（Wikipediaより）

　「ユール」とは「クリスマス」の古い翻訳でもある。スカンジナビアではプロテスタントが布教されるまで、教会で行われるクリスマスの典礼の他に、民俗的な祭りが行われていた。またフレイルの信仰もキリスト教に吸収された。たとえば、フランスの聖ブレーズ（2月3日）が豊穣・多産性の守護聖人と見なされ、他に多産性を促す「男根聖人」もあった。スカンジナビアやイギリスでは、聖スティーブン（12月26日）が、フレイルのいくつかの特徴を継続していると思われる。
　一方、スウェーデンでは、ユールのときには、フレイルの他にトール神も祭られていた。トールは、羊に曳かれた乗り物で空を飛ぶと信じられていたので、トールの羊が、キリストのシンボルとしての羊と習合された。
　「ユールの羊」（julbock）と呼ばれたものは、じつは悪霊だった。ユール（＝クリスマス）の日、若者たちが「ユールの羊」の格好をして村の家々を訪れ、土産を頼む習慣があったが、19世紀ごろからユールの羊が善良なものになり、子供たちにプレゼントを与える役割を果たすようになった。フィンランドにもこの習慣があった。「ユールの羊」のシンボリズムが、

中世からフィンランドにも伝来され、「ヌーティプッキ（nuutipukki）」と呼ばれた。本来は恐ろしい鬼神であったヌーティプッキは現在、サンタクロースになっている。

　要するに、北ヨーロッパにおいて、聖ニコラスは地中海からやってくるキリスト教の穏やかな姿の他に、ゲルマン系・スカンジナビア系民族の神話の恐ろしい側面も演出するようになった。北欧の長い冬の夜を横断する怪物・悪霊、この世を訪れる神々と死者の行列—これらの恐ろしい側面は、今日のサンタクロースからはほど遠いものだが、近世・近代まではクリスマスの重要な部分だった。その点について、次節ではもう少し詳しく述べてみたい。

サンタクロースの闇の部分

　前近代のヨーロッパにおいて、10月末から4月末までは、非常に複雑なシンボリズムを抱えた時期であった。厳しい寒さで農耕が不可能になり、個人と共同体の生存が脅かされた。そのため大昔から、この時期にさまざまな儀礼が開催された。その目的は、共同体の団結とともに、神々に対して冬期間中の擁護と翌年の豊穣を祈ることであった。

　この期間中の多くの祭りは、現在キリスト教的な意味をもつが、その深層にはキリスト教以前の信仰や世界観があり、その影響はいまでも残っている。以下に例を挙げてみよう。

- 10月末〜11月半ば：ハロウィーン（本来はケルト人の大晦日の祭りで、死者がこの世に戻ってきて生者とともに騒ぐ）
- 12月後半：クリスマス＝冬至の祭り＝サトゥルナリア
- 正月（新年の始まり）
- 1月6日：キリストの御公現の日（イタリアでは、ベファーナという魔女がこの世を訪れる）
- 2月〜3月：カーニバル（ワイルド・ハントの変身という側面をもつ）
- 3月〜4月：イースター（キリストの復活祭）とそれに先立つ斉食期間

この期間中、様々な超自然的な存在がこの世とあの世を行き来し、この世に擁護と豊穣をもたらすと信じられていた。これは、ヨーロッパ全土に普及している、キリスト教以前からのシャーマニズム的な信仰である。
　冬の力と潜在的な可能性を具現化したのは、ロシアの「デド・モロズ（霜おじいさん）」のような人物である。彼は、お正月の祝いに現れ、子供たちにお土産を与える。その姿はサンタクロースに似ている。その図像学はドイツに伝わって「フェーテルヘン・フロスト（小さな霜お父さん）」となり、西ヨーロッパのサンタクロースのイメージに影響を及ぼした、という説もある。
　しかしドイツでは、冬はこのような穏やかなイメージだけで表象されたわけではない。ゲルマン系民族に普及した伝説は、聖人（聖ニコラス）と鬼（悪魔、クランプスまたはトロール）について語る。この伝説によると、ある地方に、1人の鬼がいた。彼は、暖炉の煙突から人の家に入って子供を惨殺した。聖人はその鬼を追跡して捕虜にした。その罪を償うために、心を改めた鬼が、それぞれの家に戻って子供たちにお土産をもっていく。伝説には様々なバージョンがあって、鬼が最終的には地獄に戻ったり、この世に残って毎年子供たちにお土産をもたらしたり、心を入れ替えた鬼はサンタクロースそのものになったりもする。
　子供たちを救う聖人は、聖ニコラスの奇跡物語に拠るものと思われるが、サンタクロースが元は悪鬼だったという伝説は興味深い。なぜなら、おそらく伝説的な形で異教世界のキリスト教化を語ると同時に、民間信仰における冬の両義的なイメージを描くと思われるからだ。暗黒で長い冬が人間を脅かす。しかも子供たちの命が危険にさらされる。しかし、あの世から死をもたらす悪鬼も来れば、豊穣や幸せをもたらす神も訪れる。この両義性は、実はサンタクロースと、もう1人のサンタクロースに関する伝説の中で、しばしば表象されている。多くの文化で、サンタクロースは恐ろしい者と一緒に行動するのである。このサンタクロースと、もう1人のサンタクロースは、地域によって名前が異なる。たとえば、オーストリアや中欧ではクランプス（Krampus）、北フランスではペール・フエタール（Pere Fouettard）、オランダではツヴァルテ・ピート（Zwarte Piet）、その他の

地方ではクネヒト・ルプレヒト（Knecht Ruprecht）と呼ばれる。このもう1人のサンタクロースは、棒、鞭、袋を手に持ち、黒っぽいぼろぼろの服を着て、黒い顔とぼさぼさの髪をしている。

クネヒト・ルプレヒト（ルプレヒト騎士）は、オーストリアのザルツブルクの建設者・聖ルプレヒト（710年死亡）と同一視される。伝説によると、クネヒト・ルプレヒトは聖ニコラスの使いだが、いい子供にはお土産を与えるが、悪い子供は叩いたり、袋に入れて森に捨てたり、川に流したりする。オーストリアのクランプスは恐ろしい怪物で、悪魔の伝統的な表象に似ている。

クリスマスの頃、子供たちが黒いぼろぼろの服を着て恐ろしい仮面をつけ、鎖を引きずりながら村を走り回っていた。この行事は、ワイルド・ハントとハロウィーンと類似しているので、同一の起原をもつと思われる。

フランスにおける聖ニコラスの連れ「ペール・フエタール（稲妻お父さん）」は3人の子供を殺し、聖ニコラスに暴かれた。聖ニコラスは子供た

【図23】オーストリアのクランプス（Wikipediaより）

ちを復活させ、ペール・フエタールはその罪を償うために、聖人の使いになったと言われている。これは明らかに、聖ニコラスの奇跡物語を基にしているが、他にもペール・フエタールは、古代ゲルマンの最高神オーディンを思い出させる。稲妻（フエタール）を司るオーディンの姿に似ていることから、キリスト教以前の信仰や神話と関係していると思われる。

　今まで見てきたように、聖ニコラスとその連れというペアは、複数の伝統が習合されたものと考えられるが、構造的なレベルで類似点が多いことから、キリスト教と異教の関係およびキリスト教以前の世界観の両義性を象徴すると思われる。

古代の女神たちとサンタクロース

　ところが、サンタクロースとクリスマスの文化史には、もう1つの重要な流れがある。中世までは、あの世から人間に富をもたらす超自然的な贈与者たちは、多くの場合、女性であった。典型的なのは、古代ケルトの女神エポナ、ゲルマンの女神ベルヒタ、ローマの女神ディアナ、ギリシャ神話の女神アルテミス（その神殿が聖ニコラスによって破壊された）などである。

【図24】 ケルト人の女神エポナ
（Ginzburg 1989より）

【図25】 ルネサンス期の図版で魔女とされる姥が超自然的な女性に出会う（Ginzburg 1989より）

キリスト教はこの女神の信仰を厳しく否定し弾圧したが、完全に消滅させることができなかった。その結果、主として2つの新しい展開があった。
　まず、古代の美しい女神は、姥という醜い姿で描かれるようになり、魔女として見なされた。

　そして、彼女たちの代わりに男性贈与者が現れた。ここで、聖ニコラス（＝サンタクロース）が関わってくる。ただ、サンタクロースは北欧で祀られているが、カトリックの国ではほとんど知られていない。その代わりに「クリスマスお父さん」——イタリアのバッボ・ナターレ（Babbo Natale）、フランスのペール・ノエル（Pere Noel）、プロテスタント以前のイギリスのファザー・クリスマス（Father Christmas）、ドイツのヴァイナハツマン（Weihnachtsmann）——といった伝説的な人物が、聖ニコラスの役割を果たしてきた。

　彼らは、呪術的な乗り物（空を飛ぶ動物やほうきなど）に乗って、この世とあの世を行き来し、悪の具現者と闘い、己の共同体を守り豊穣をもたらした。イタリアの歴史学者カルロ・ギンズブルグは、著書『ベナンダンティ』に、16世紀のイタリア北東で、このような世界観がまだ生きていたことを描いている。呪術的な乗り物に乗って空を飛び、この世に豊穣をもたらすという概念が、現代のサンタクロースのイメージにも生き残っているのである。
　16世紀の宗教改革の後、プロテスタントの地域では、聖ニコラスの信仰はカトリックの異端として弾圧され、禁止された。しかしこのときも、それを

【図26】フランスのペール・ノエル（＝ペール・フエタール）（Manson 2005より）

完全に消滅させることはできなかった。カトリックの聖人の代わりに、子供のキリストそのものが、12月24日の夜に贈与をもたらすアイデアが現れたのである。ドイツ語で「Christkindel（キリストキンデル）」、また英語で「Kriskringle（クルスクリングル）」と呼ばれた子供の姿のキリストは、少しずつヨーロッパや北米に浸透し、いま私たちがもつクリスマスのイメージの一部を構築してきた。これにより、贈与の日は12月24日の夜に決定されることなった。

聖ニコラス信仰の弾圧は、民間信仰の弾圧の一環でしかなかった。同じく、いわゆる「魔女狩り」も、カトリックやプロテスタントの原理主義的運動がめざした、キリスト教以前からの信仰、またそれらとキリスト教との出会いから生まれた信仰形態をすべて否定し、消滅させるという目的を実現させる一手段であった。

反宗教改革時代のカトリック圏ヨーロッパでも、民間信仰（とくに新しく定義されたカトリックのドグマに還元されないもの）の弾圧が行われた。しかし、その弾圧は徹底されず、非キリスト教的民間信仰は、今でも生き

【図27　ベファーナ】

残っている。たとえばイタリアでは、女性贈与者の伝統が残っており、1月5日の夜に家を訪れると言われている「Befana（ベファーナ）」が、それにあたる。

その他に、地域によって差はあるが、12月31日から3月まで、イタリア各地で「姥殺しの祭り」が行われる。この神話的な「姥」を表象する藁人形が、焼かれたり、のこぎりで切られたり、爆発されたり、さまざまな形で殺される。

ベファーナの祭日は、古代ローマで元旦に行われたヤヌス神とストレニア女神の祭りとの関係があると指摘されてきた。しかし、冬にカカシを焼く習慣は、ヨーロッパの多くの国にある。これは、おそらく古代ケルト人に遡る習慣であると思われる。カカシを焼くことは、古くなったものを破壊することで新しいものを受け入れる準備をするという意味もあるだろうし、その他に、女性的豊穣・多産性、富をもたらす女神やスケープゴートのシンボリズムなどがある。また「魔女狩り」の残響も認められる（魔女狩り自体は、近世の民間信仰から離れては理解できない部分もある）。

いずれにしても、「姥を焼く」という行為によって豊穣がもたらされるという根本的な考え方があり、豊穣はさまざまな形で表象される。姥が殺されたあとの花火や、子供たちに配られるキャンディーやドライフルーツなどは、典型的なものである。

また、ベファーナは両義的な存在であり、いい子供には贈与をもたらすが、悪い子供には罰則を与える。この意味で、サンタクロースの原型に似ていると言っていいだろう。先述したように、北欧の民俗史では、サンタクロースやそれにあたる贈与者は、必ず「暗い」家来を同伴している。サンタクロースが、いい子供にプレゼントをあげるのに対して、その連れである「黒い男」——イタリア語のウオーモ・ネーロ（Uomo Nero）、英語のピーター・ザ・ブラック（Peter the Black）、ドイツ語のニコデムス（Nichodemus）やシュワルツァーマン（Schwarzermann）——は鞭をもって悪い子供に罰則を与える、と信じられていた。ただし、このようなサンタクロースがもっていた本来の両義性は、現在ではほとんどなくなってしまった。

この民俗信仰の中のベファーナは、古代の豊穣の女神たちの伝統を継承するとともに、家と共同体の先祖もあらわしているのだ。

サンタクロース、クリスマス、そして子供たち

これまで見てきたように、サンタクロースがクリスマスと関係をもつようになるためには、何百年にわたる複雑な文化プロセスが必要であった。

そのプロセスの最も重要なステップは、次のようにまとめることができる。

① ローマ帝国の「異教」の信仰体系・習慣（特に祭り）のキリスト教化
② サトゥルナリアのシンボリズム
③ 冬の両義性、特にその「闇の部分」
④ 超自然的な贈与者たち
⑤ 聖ニコラスのシンボリズムとの交差
⑥ 異教とキリスト教の出会いと習合思想の形成
⑦ 宗教改革とクリスマス（12月25日）の強調
⑧ キリスト自身が贈与者になる
⑨ 民間信仰の弾圧

また、現代の一般人の習慣レベルでは、古代のシンボリズムが次のような形で残っている。

○ クリスマスは家族や共同体で行なわれている＝共同体団結
○ 贈与交換＝富・豊穣
○ 呪術的な植物（クリスマス・ツリーなど）＝生命の樹、富の木
○ 豊穣を象徴する特別な食物：饗宴、お菓子（ドライフルーツ、蜂蜜、スパイス、後にチョコレート）
○ 占い＝ビンゴで遊ぶ習慣

第9章　内なる多文化主義　179

　ここで、キリストを通じて、子供が初めて新しい役割を果たすことになる。それまで子供は、年末の祭りとは特別な関係をもたなかった。場合によって、死者・先祖である贈与者の役を演じただけである。しかしここで、贈与者が、子供を中心に贈与を与えるようになった。17世紀から、とくに北欧の都会的・ブルジョワ社会では、子供が新しい社会的関心の対象になった。また、子供の文化的な性質も変わっていく。ようするに子供は、死者（文化の過去）に近い存在から、子孫（文化の未来の種）として見なされたのである。これによりポジティブな価値が付随し、ますます主体性と自律性をもつようになった。これは、クリスマスと子供との関係によく反映されている。サンタクロースと、それに相当する様々な贈与者は、子供たちの社会化（善悪の区別、社会的に認められている態度の育成など）と能動的な決定力（消費）を促す手段になっている。

　近世ヨーロッパにおける子供に対する新しい文化的態度は、聖ニコラスやクリスマスの行い方との関係において、オランダの画家・ヤン・ステーンの「聖ニコラス祭」という絵画によく表れている。そこでは、聖ニコラ

【図28　Jan Steen、「聖ニコラス祭」（17世紀　Amsterdam, Rijkmuseum）】

スの祭日に、子供たちがもらったプレゼントを開ける場面が紹介される。「お利口さん」だった女の子は人形をもらったが、「悪い」男の子は何ももらえずに泣いているのである。

サンタクロースと文化史のまなざし

　クリスマスとサンタクロースという、日本でも馴染みのある習慣と人物は、長い歴史と複雑な意味をもつ。キリスト教とのつながりや、キリスト教以前のヨーロッパ、地中海に面した諸文化の世界観や信仰形態の影響が認められる。したがって、今日の世俗化されたサンタクロースの意味を理解するためには、キリスト教やキリスト教以前の様々な信仰の理解が前提になる。ただ、サンタクロースはキリスト教と異教・民間信仰の混合現象だけでなく、より有機的な習合思想とその実践から新たに生まれたものだと考えるべきだろう。つまり模範的なキリスト教の教えは、様々な形とレベルで、多くの民間信仰と関係をもちつつ、新しい信仰とイメージをつくりだしたのである。

　クロード・レヴィ＝ストロースは、サンタクロースは死者の象徴であると主張した。古代からのヨーロッパの民間信仰において、あの世から私たちに豊穣をもたらすのは、国家に認定された公式の神々ではなく、むしろ地域の小さな神々であった。これらは多くの場合、先祖に限りなく近い性質をもっていた。現在クリスマスが主に家族中心の祝いになっているのも、古代からの伝統的思想を継承しているからだと思われる。家族と親友が集まり、団結し、新年に来るべき幸福を期待する。

　ところが、産業革命とそれに伴う世界的な資本主義社会の発展によって、伝統的な贈与交換は本来の聖なる意味を失い、単に消費を促すきっかけとして利用されてきた。しかし、消費を促す—贈与のために過剰に財産を消費することは、サトゥルナリアの本来の精神とはそれほど遠くないかもしれない。なぜなら、過剰に消費することは、神々からの豊穣を受けるきっかけであったからだ。

　毎年クリスマスの時期に、赤い服を着ているおじさんは、トナカイに引っ張られた空を飛ぶ乗り物に乗り、北極あたりから、お土産を持って私た

【図29】 トナカイとサンタクロース

ちのところを訪れてくれる。これは、1900年代初期にアメリカで生まれたイメージだが、全世界に広まった。北極、またはスカンジナビアの北部は、北半球でクリスマスの雰囲気を連想させる、雪や自然環境のために選択されたのだろう。

　しかしながら、サンタクロースのシンボリズムは遥かに古い。今まで見てきたように、古代ローマの宗教と儀礼、キリスト教以前のケルト人、ゲルマン系やスカンジナビア系の民族の信仰、キリスト教の聖人信仰など、多くの文化的動向の絡み合いから生まれたのだ。サンタクロースの根底には、冬（とくに冬至）に関する古代からのシンボリズムが認められる。冬至は、冬（1年の最も厳しく危険な季節）の始まりでもあれば、天文学的には新年の始まりでもある。したがって、その危ない時期に、古代ヨーロッパの人々は危険からの保護と同時に、富（現世利益）や幸せを祈願していた。そこでは贈与交換が、新年における豊穣や富への希望とともに危機的な時期における共同体や家族の連帯感の強化を意味していた。この場合、「悪者」の刑罰というテーマは、一部の人々を共同体から排除することで連帯感を強化する装置でもあったのだろう。

　冬至の時期に、神々、神話的英雄や先祖たちが人間の領域を訪れ、お供

え物の代わりに様々なお土産をもってきた。キリスト教が、この複雑なシンボリズムを横領し、キリストの降誕と習合した。新年における富と幸せのテーマは、キリスト教的な終末論・救済論（あの世における永遠の幸せ）と結びついた。救世者キリストがあの世からの使者の役を演じる。また、カルロ・ギンズブルグが描いた、共同体を守る神秘的な力と共同体を脅かす悪の力との闘いが、キリストとサタン、つまり善と悪との闘いに再解釈された。

このように、キリスト教以前の伝統的なメタヒストリーに、別のメタヒストリーが重なることで、前者がより豊かになる。それによって民間信仰のメタヒストリーは、地域範囲を超えることが可能となり、普遍化していく。現世利益が救済論を有し、倫理的な要素を強める。それと同時に、キリスト教も、異教の文化的な基盤を受け入れることで、深く文化に根をおろし、「在地信仰」になる。キリスト教を「外来宗教」として見なすヨーロッパ人がいないのは、偶然ではない。なぜなら、異教の在地信仰を吸収することによって、キリスト教が、まさにヨーロッパの在地信仰になったからだ。したがって、サンタクロースのシンボリズムの中で、真のキリスト教的なものとそうでないものを区別することは困難である。この意味で、サンタクロースとクリスマスは、シンクレティズム（宗教混淆）ではない。なぜなら、多くの要素が有機的に融合し、新しい文化的単位を形成したからだ。ゆえに、サンタクロースはシンクレティズムではなく、むしろ見事に成功した文化変容の一例と言えるかもしれない。この文化変容（異教とキリスト教の習合余地生まれた新しい文化形態）により、ヨーロッパ文化の民俗史的な基礎が生まれたのである。

4　むすびにかえて―「自文化を違う目で見てみよう」

異文化の理解は自文化を違った目で見ることが必要だ。文化変容を見ることから始まることが多い。つまり、それは私たちのまわりにある、ごく普通で日常的な物事に、何か不思議な感じを覚えて、それらを違う目で見るきっかけをつくってくれる。自文化を違う目で見るようになったら、それまで想像もしなかった多様性・複雑性・重層性などが見えてくる。文化

変容による自文化の多様性の再発見・認識こそ、異文化の研究と理解に欠かせないものである。

しかし、文化変容は自然に生まれてこない。それを生み出す姿勢を育てるためには様々な練習や体験が必要だ。が、文化変容は型に囚われない、または型を破る感性なので、型を教えるマニュアルでは、なかなか身に付かないだろう。そこで、文化変容感という感性を身に付けたい人は、どうすればいいのか。身のまわりの日常の見方を変える練習とは何だろうか。

出発点の1つとして、1人の絵本作家を紹介しておこう。イシュトバン・バンニャイは、ハンガリー出身、ニューヨーク在住のイラストレーターで、その作品は非常に面白い物事の見方を提示している。たとえば、『アザー・サイド』では、タイトルからもわかるように、各ページの画像を、次のページで違う観点、関連性や枠組み——いわば「向こう側から」見る試みである。ある画像の「向こう側」にいる相手の立場から、世界（私たちも含めて）を違う目で見て、多くの新しい関連性を意識するという手続きを体験できる。また、他の作品『ZOOM』と『RE-ZOOM』では、各ページに描かれたものの背景を拡大することで、予想外の未知の世界に導かれていく。

イシュトバン・バンニャイは、物事の新しい見方そのものを感覚的に教えてくれるので、その作品を読み終えると、より豊かな世界、より豊かな自分を発見することになるだろう。文化変容を見る目を育てるのに貴重な教材になると思う。

ここであらためて一言、主張しなければならない。それは、「異化」とは不思議なものや未知の世界の特徴ではない。ありふれた現実、日常生活、身のまわりにあるごく普通のものが、「文化変容」を通して、不思議に満ちた未知の世界へと変身していくということだ。それによって、私たちの日常世界は、より豊かで、深みのある魅力に満ちた現実になり、私たち自身も、より豊かで、深みがあり、魅力に満ちた人間になるはずだ。

具体的な事例を文化伝播と文化変容に照らし合わせて挙げてみよう。

いま、私の机の上に、ミルクティーのペットボトルが置いてある。日本中の自動販売機で買える、平凡な飲み物だ。しかし、「異化」というレンズを通してこのミルクティーを見てみると、何が見えるだろうか。まずミ

ルクティーそのもの。日本は伝統的には、どちらかというと「ティー（紅茶）」ではなく、むしろ「お茶」の文化圏に属する。日本語も、お茶、紅茶、ティー（またはチャイ）などの茶の種類を、その文化的な背景によって区別する。また「ティー」が「お茶」の文化と異なるだけでなく、ミルクも、日本文化の伝統的な食（飲料）の体系からすれば、異質なものである（明治期まで日本人は牛乳をほとんど飲まなかった）。ミルクティーとは、現在ごく普通の飲み物になっているにも拘らず、実はもともと日本の「伝統的な」飲料ではないことがわかる。この意味で、本体エキゾチックで異質な飲み物であったミルクティーは、今では一般的な好みに合うようになったが、これは興味深い文化変容の事例と言えるだろう。

　さらに付け加えれば、本来中国やインドで生産される「茶」は、どのようにして「ティー」になったのか。英語の「tea」は、もともと北京語の「茶」（チャ）の南中国の発音（テ）からきている。19世紀に、イギリスが、その帝国主義的な政策の1つとして、中国から茶の専売を奪い、独自に茶を世界的に販売し始める。インドではイギリスの管理下で、それまで医療だけに使われていた茶の生産を増やし、各地に輸出した。その結果、ヨーロッパ（とりわけイギリス）では茶を飲む習慣が広まった。コーヒーの飲み方に因んで、19世紀の半ばごろからヨーロッパでは茶をミルクと混ぜて飲み始めた。これが「ミルクティー」の始まりである。イギリスから世界各地に広まった習慣が、時を経て日本にまで入ってきた。

　したがって今日、日本で手に入るミルクティーは、近代初期から始まった大きなグローバル・ネットワーク文化伝播と文化変容の1つであることがわかるだろう。中国、イギリス、インド、帝国主義、国際貿易、コーヒーの歴史、近代以前の茶の文化など―これらの複雑な側面は、普通のミルクティーのペットボトルに隠された、文化的・歴史的な深みや魅力である。

　このように、日常的に身のまわりにあるものを違う目で見ることによって、世界が変わる。自分のまわりにあるすべてのものが、世界の多くの文化や世界の歴史につながっていることがわかる。そのとき、多文化交流が、より均衡で良心的、開放的なかたちで行われるようになるだろう。

あとがき

　本書は執筆者 3 名がこれまで、おりにふれ国内外の学会の研究発表、ならびに論文や講演などで発表してきたものをまとめ、それを基礎に原稿になおしたものから成り立っている。

　現在、世界の人びとはグローバルな視野で教育や経営、国際関係分野における紛争解決のためのコミュニケーション法を求められる時代に住んでいる。それらを考える際、異文化や多文化のアスペクト（側面）は避けて通れなくなっていることも事実である。　本書は、まさに冷戦後と 2008 年 10 月の金融危機後の焦眉（しょうび）の課題である多文化間の理解と交流とコミュニケーションのあり方について行動科学と社会科学の側面からアプローチした書物である。

　また、テーマについても国際関係や文化のコンセプト以外にも読者にとっても分かりやすい内容のものにさせて頂いた。なお、ページ数にも限界があるため索引は割愛することにした。

　本書の分担作業であるが、第 1 章の「文化の多様性を知るために」と第 2 章の「文化とは何か」のセクションは、御手洗、小笠原が受け持ち、第 3 章の「オバマ大統領のコミュニケーション・スタイル」は御手洗、それに続く第 4 章の「日本における国際交流の流れとマルチカルチャー認識度」と第 5 章「記号言語圏〜言語と文化とコミュニケーションの関係」は、御手洗と小笠原が担当した。第 6 章の「異文化とのネゴシエーション」、第 7 章の「グローバル化とその種類」と第 8 章「『3.11 大震災』と日本復興のシナリオ〜多文化との交流ネットワーク〜」は御手洗が担当した。最後の第 9 章の「内なる多文化主義」はランベッリが受け持ち、それぞれのテーマをまとめた。

　多文化間の橋架け作業は 21 世紀に入った現在においても、まだまだ稚ない分野である。本書は、文化人類学やコミュニケーション学や比較宗教学

の分野の研究者のみならず、教育関係者、一般の読者、特に次の時代の担い手であり、また我々と志を同じくする若い読者に読んで頂ければ幸いである。また、本文に目を通し、建設的なコメントも寄せて下さった高宮広土・浅見吏郎両氏、それに学会関係者に対し御礼を申し上げたい。

最後に、本書の校正中の2011年3月11日に日本と世界（多文化）を変える大震災と大津波が東日本を襲った。大地震と大津波と、それに原発事故という前代未聞の天災と人災が日本を打ちのめしたのである。今回の大震災は「3.11」事件と呼べる。アメリカと世界を変えた「9.11」以上の惨事となった。震災被災者の8割以上が津波によるものと報道されている。改めて、ここで犠牲者の方々に対してのご冥福をお祈り申し上げたい。

今回の天災は、ゆまに書房の編集作業と我々の執筆活動にも予想外の影響を与える結果となった。また、今回の大震災は「グローバル化が進む中、文化の多様性を認め合い、困った時にはお互いが助け合うという寛容のスピリットをベースにした新しいタイプの多文化理解と多文化交流とは何か？」を考える機会を提供してくれた事も確かである。そのため、編集部と相談した結果、新たな章「『3.11大震災』と日本復興シナリオ：〜多文化との交流ネットワーク〜」を御手洗が書き下ろすこととなった。

本書の刊行にあたっては、前著の『サムライ異文化交渉史』（2007年）に続き、「ゆまに書房」には編集も含め大変お世話になった。今回も改めて、関係者のご尽力とご協力に対し心からの謝意を表したい。ただし、ページ数の制限もあり、やむなく削除した箇所も多くある。そのことが残念であり、ここで改めてお詫び申し上げたい。

なお、今回の震災により、印刷用の紙の供給不足という事態ともなった。そのため本書の刊行日が遅れたことに対しお詫び申し上げたい。その点、読者にも御理解を頂ければ幸いである。

2011年4月吉日

御手洗昭治　小笠原はるの　ファビオ・ランベッリ

参考文献

Albert, Ethel M. & Kluckhohn, Clyde (1959), *A Selected Biography on Values, Ethics and Esthetics in the Behavioral Sciences & Philosophy* 1920-1959, Glencoe, Ill.: Free Press.
アルジェ［共同］(1967) 6月27日．
安藤忠雄「私の履歴書」(2011)『日本経済新聞』3月23日＆3月30日．
東 洋 (1994)『日本人のしつけと教育』東大出版．
朝日新聞 (2008)「オバマ大統領勝利宣言」11月6日．
Baldini, Eraldo (1986), *Alle radici del folklore romagnolo*. Ravenna: Longo.
Baldini, Eraldo (1988), *Paura e "maravigllia" in Romagna. Il prodigioso, il soprannaturale, il magico tra cultura dotta e cultura popolare*. Ravenna: Longo.
Baldini, Eraldo (2003), *La sacra tavola*. Bologna: Edizioni Pendragon.
Baldini, Eraldo (2006), *Halloween*. Torino: Einaudi.
Baldini, Eraldo e Sara Trevisan, a cura di. 2005. *Ravenna e i suoi fantasmi. Ravenna*: Longo.
Barna, LaRay M. (1991), "Stumbling Blocks in Interpersonal Communication" in Intercultural Communication: Reader edited by L. A. Samovar & R. E. Porter, Belmont, California: Wordsworth Pub. Co.
Barna, LaRay M. (2009) "The Stress Dynamic & Its Intersection with Inercultual Communication Competence" in Contemporary Leadership edited by Michael A. Moodian.
バンニャイ，イシュトバン・(2005a),『ZOOM ズーム』ブッキング．
バンニャイ，(2005b),『RE-ZOOM リズーム』ブッキング．
バンニャイ，(2006),『アザー・サイド』ブッキング．
Berger, Pamela (1985), *The Goddess Obscured: Transformation of the Great Protectress from Goddess to Saint*. Boston: Beacon Press.
Boulding, Kenneth E. (1985), *The World As A Total System*, NY.: Sage Pub. Inc.
Bryman, Alan (2004), The Disneyization of Society, London: Sage Pub. Ltd.
文芸春秋 (1995)「『エコノミックアニマル』の不思議」1995年5月．
Buttitta, Antonino (1995), "Ritorno dei morti e rifondazione della vita", in Lévi-Strauss (1995) 7-42.
カーティス，ジェラルド (2008)『政治と秋刀魚』日経BP社．
Cattabiani, Alfredo (1994), *Lunario*. Milano: Mondadori.
Cattabiani, (2003), *Calendario*. Milano: Mondadori.
Cioffari, Gerardo (1997), *San Nicola di Bari*. Cinisello Balsamo (Milano): Edizioni San Paolo.

Calero, Henry H. (1979), *Winning the Negotiation,* N.Y.; Dutton Adult, Penguin Group.
カー，エドワード H.（清水幾太郎訳）（1953）『新しい社会』岩波出版
Chapman,M. (1988), *Contexuality & Directionarity of Congnitive Development,* Human Development, 131, pp.92-106.
Chapman, David (2007),『オーストラリアと日本に見る多文化主義と日豪異文化交流』2007年6月20日，札幌大学北方文化フォーラム講演・資料．
Cocchiara, Giuseppe (1980), *Il paese di cuccagna e altri studi di folklore.* Torino: Bollati Boringhieri.
CNN News (Aug. 24; Sept. 9; Sept 22, & Oct. 24, 2008).
Condon, Condon C. (1975). *An Introduction to Intercultural Communication,* Indeanapolis: The Bobbs-Merrrill Co.
Coote, Colin R. (1959) *Sir Winston Churchill-A Self-Portraite,* London: Eyre & Spottisoode.
Doughherty, Steve (2008), *Hopes and Dreams: The Story of Barack Obama,* (N.Y. : Black Dog & Leventhal Pub. Inc.
Ginzburg, Carlo (1974), *I Benandanti.* Torino: Einaudi.（カルロ・ギンズブルグ著『夜の合戦：16-17世紀の魔術と農耕信仰』みすず書房，(1986)，または『ベナンダンティ：16-17世紀における魔術崇拝と農耕儀礼』せりか書房）．
Ginzburg, Carlo (1989), *Storia notturna.* Torino: Einaudi.（『闇の歴史：サバトの解読』せりか書房，(1992)．
Fisher, Glen (1972), *Public Diplomacy & Behavioral Sciences,* Bloomington, Univ. of Indiana.
Fisher, Glen (1988), *Role of Culture & Perceptions in International Relations,* Intercultural Press, Yarmouth, ME.
Fisher, Roger & Ury, William (2007), *Getting to Yes.,* N. Y. ; Penguin Books 1991.
Fisher, Roger (1967), *International Conflict,* N. Y. : Harper & Row Pub.)
Fisher, Roger & Shario, Daniel (2005) *Beyond Reason,* Tokyo The Sakai Agency.
カッサーノ，フランコ（2006），『南の思想』講談社．
フリードマン，トーマス（2008）『フラット化する世界』（日本経済新聞社）
Hall, Edward T. (1959), *The Silent Language,* Garden City N.Y. : Doubleday & Company,Inc.（
ホール，エドワード T.（1966）国弘・長井・斎藤訳『沈黙の言葉』南雲堂．
Hall, Edward T. (1969), *The Hidden Dimension,* Garden City N.Y. : Doubleday & Company, Inc.

Hall, Edward T.（1977）, *Beyond Culture*, Garden City N.Y. :Doubleday Anchor Books.
Hofsted, Geert（1991）, *Cultures and Organizations*, N.Y. : McGRAW-HILL Book. Co.
Hantington, P. Samuel（1997）, Clash of Civilizations, N.Y. : Free Press.
広田康生（1997）『エスニシティと都市』有信社.
北海道新聞［空知版］（2009）『留学経験教訓に』米総領事　滝川西高に講演（佐竹政治）3月17日.
本間雅美（2008）『世界銀行と開発政策融資』同文館.
Isambert, François-André（1982）, *Le sense du sacré: Fête et religion populaire.* Paris: Minuit.
石井米雄＆加藤秀俊（2002）『理解と誤解の間で：グローバリゼーションの中の日本』, 神田外語大コミュニケーション研究所主催セミナー資料』8月30日.
伊藤元重（2009）,「今後の世界・日本経済の行き方」（金融リテラシー向上プログラム講演, 品川グランドホール '09年）.
ジェイムソン, フレドリック（1989）,『政治的無意識：社会的象徴行為としての物語』平凡社.
時事通信（2011年4月5日）『汚染処理施設提供：日本の判断待ち』
加藤秀俊他（1992）『日本人の外交感覚』世界文化社.
Kluckhohn, Clyde（1949）, *Mirror For Man*, N.Y. : McGraw-Hill Book Co.
Kracht, Klaus, 克美・タテノクラハト（1999）『クリスマスーどうやって日本に定着したか』角川書店.
久米昭元（1993）『決め方の文化摩擦』「異文化コミュニケーション研究」神田外語大学・異文化コミュニケーション研究所第5号3月）.
（財）公共政策調査会（1991）『来日外国人労働者の社会不適応状況に関する調査』.
葛野浩昭（1998）『サンタクロースの大旅行』岩波新書.
Lagioia, Nicola（2005）, *Babbo Natale*. Roma: Fazi Editore.
Latouche, Serge（1989）, *L' Occidentalisation du monde*. Paris: La Découverte.
Lévi-Strauss, Claude（1995）, *Babbo Natale giustiziato*. Palermo: Sellerio（1995）,（『サンタクロースの秘密』せりか書房）.
Lombard-Jourda, Anne（2005）, *Aux origins de carnaval*. Paris: Odile Jacob.
Lotman, Juri M.（1990）, *Universe of the Mind: A Semiotic Theory of Culture*. Bloomington and Indianapolis: Indiana University Press.
麻殖生健治（2006）『ビジネスネゴシエーション入門』（中央経済社）
Manson, Michel（2005）, *Histoire（s）des jouets de Noël*. Paris: Téraèdre.

松井孝典（2007）『地球システムの崩壊』新潮社．
McGrey, Douglas (2002) "Japan's Gross National Cool" in *Foreign Policy*, May/June: Washington D. C., the Carnegie Endowment for International Peace.
御手洗昭治（1994）『新国際人論：トランスカルチュラル・ミディエーター時代への挑戦』総合法令出版
御手洗昭治（2002）『多文化共生時代のコミュニケーション力』ゆまに書房．
御手洗昭治（2004）『ハーバード流思考で鍛えるグローバル・ネゴシエーション』総合法令出版．
御手洗 昭治（2007）『サムライ異文化交渉史』ゆまに書房．
Mizutani, O. (1981), Japanese, Tokyo: Japan Times
Morris-Suzuki, Tessa (1998), *Re-Inventing Japan: Time, Space, Nation*. New York: M. E. Sharpe.
Müller, Felix, und Müller, Ulrich (1999), "Percht und Krampus, Kramperl und Schiach-Perchten". In Ulrich Müller und Werner Wunderlich (Hrsg.), *Mittelalert-Mythen 2 : Dämonen, Monster, Fabelwesen*. St. Gallen (Switzerland), (1999), pp. 449-460.
中村隆英（1993）『昭和史Ⅰ（1926-1945）』東洋経済新報社
NBC News (Aug. 27, 2008).
New York Times, March 29, 2011.
NHK News（2009年1月22日,）.
Newsweek (2008, Nov. 26) "*A Green New Deal*" & Emott, Bill (2011, March 28) "*The Impact of Disaster*".
ネウストプニー，ヴァツラフ V.（1982），『外国人とのコミュニケーション』岩波新書．
日本経済新聞（1967）「一つの声で社会変える」2009年1月25日等も参照）＆日本経済新聞（1967）6月28日夕刊．
日本交渉学会研究会資料（2005～2008），*Japan Institute of Negotiation's Research Mateirials*: Tokyo: JIN.
Nissenbaum, Stephen (1996), *The Battle for Christmas*. New York: Knopf.
Nye, Joseph S. Jr. (1990), *Bound To lead*, N. Y. : Basic Books.
Nye, Joseph S. Jr. (1993), *Understanding International Conflicts*, N.Y.: Harper Colins Coolege Publishers.
小内透＆酒井恵真編（2001）『日系ブラジル人の定住化と地域社会』（御茶ノ水書房）．
Pike, Kenneth (1954), Language in Relation to A Unified Theory of the Structure of Human Behavior (1), Preliminary Ed., Gelendale, California., Summer Institue of Linguistics.

Piltington, Ed (Janu. 2009), "Barack Obama's Inauguration Speech crafted by 27-year-old in Starbucks" in the Gardian. Smick, D., *The World Is Curving*, The Penguin Group) &
Raifa, Haward (1982), *The Art and Science of Negotiation*, Cambridge, MS: Belknap.
ランベッリ, ファビオ (1997)『イタリア的考え方』筑摩書房.
ランベッリ, ファビオ (2005)『イタリア的』講談社.
Reischauer, Edwin O. (1992), *The Japanes Today*, Mass.: Cambridge, Harvard University Press.
ライシャワー, エドウィン O. (1989)（福島正光訳）『ザ・ジャパニーズ・トゥデイ』文芸春秋.
Reischauer, Edwin O. (1973), *Toward the 21st Century: Education for a Changing World*, N.Y: Vintage Books.
Reischauer, Edwin O. (1968), *TRANSPACIFIC RELATIONS*, The Brookings Institution (Washington, D. C.).
Reisman, David (1969), *The Lonely Crowd*, New Heaven: Yale University Press.
リースマン, ディービッド (1964)（加藤秀俊訳）『孤独な群衆』みすず書房.
Rhinesmith, Stephen, H. (1993), *A Manager's Guide to Globalization*, Business one Irwin, Homewool, Ills.
Ries, John (2011) "*Reischauer Conference Keynote Lecture*" in Japan Nagotiation Journal, Vol.21, No.1.
Robertson, Roland (1992), *Globalization: Social Theory & Global Culture*, London Sage Pub. Ltd.
Salacuse, Jeswald W. (1991), *Making Global Deals*, Boston: Houghton Mifflin Company).
Schmitt, Jean-Claude (1995), *Spiriti e fantasmi nella società medievale*. Roma and Bari: Laterza.
Schmitt, Jean-Claude (2000), *Religione, folklore e società nell'Occidente medievale*. Roma and Bari: Laterza.
Schmitt, Jean-Claude (2004), *Medioevo "superstizioso"*. Roma and Bari: Laterza.（ジャン＝クロード・シュミット (1998)『中世の迷信』白水社.
Siefker, Phyllis. 1996. *Santa Claus, Last of the Wild Men: The Origins and Evolution of Saint Nicholas, Spanning 50,000 Years*. Jefferson, N. C. : McFarland.
Singer, Linda R. (1990), *Settling Disputes*, Boulder & San Francisco, Westview Press.
Sonesson, Göran. "The Limits of Nature and Culture in Cultural Semiotics", in http://www.arthist.lu.se/kultsem/sonesson/CultSem1.html スティグリッツ, ジョセフ F. (2008), （藪下史郎監修・藤井晴水訳)『スティグリッツ教授

の経済教室』ダイヤモンド社.
総理府青少年対策本部資料（1981）.
末田清子・福田浩子（2003）『コミュニケーション学』松柏社.
杉本良夫（1990）『日本人をやめる方法』ほんの木.
鈴木孝夫（1985）『閉ざされた言語・日本語の世界』新潮社
TOEC News Letter (2007). No. 100, Nov.
Toynbee, Arnold J. (1957), *A Study of History Vol 1 & VI*, Oxford Univ.ersity Press).
トインビー，アーノルド（1967）『試練に立つ文明』（トインビー著作集第5巻）社会思想社.
外山滋比古（1976）『日本語の個性』中央公論社.
U. S. Pacific Fleet's Photostream/Tags/ronaldreagan (June 26, 2010, Hawaii)
Vogel, Ezra F. (1979), *Japan as No.1*, Tokyo: Harvard University Press, Mass. Cambrige.
ヴォーゲル，エズラ F.（1979）（広中・木本訳）『ジャパン・アズ・ナンバーワン』TBS.ブリタニカ.
吉見俊哉（1994），『メディア時代の文化社会学』新曜社.
ウォーカー，サミュエル（2006），『スリーマイル島：手に汗握る迫真の人間ドラマ』ERC出版.
Webber, Alan (1993), "*What's so new about the new economy?*" in Harvard Business Review, Janu.-Feb., p.28).
ウエルトン，ダーナ『アメリカとは何だろう？』（札幌大学北方文化フォーラム講演，2009年4月15日
多文化コミュニケーション担当＆北海道新聞2009年4月19日『オバマ大統領の多様性』に掲載される。）.
若林ひとみ（2004）『クリスマスの文化史』白水社.
ホワイトニング，ロバート（2008）『サクラと星条旗』早川書房.
Waldfogel, Joel (2009), *Scroogenomics: Why You Shouldn't Buy Presents for the Holidays*, Princeton: Princeton Univ. press.

編著者紹介

御手洗昭治　（みたらい・しょうじ）
　兵庫県生れ。米国オレゴン州立大学大学院博士課程卒（Ph.D.）。ハーバード大学・文部省研究プロジェクト客員研究員。日本交渉学会会長（日本学術会議協力研究団体）。北海道日米協会理事。札幌大学教授。専門は、異文化コミュニケーション・交渉学。著書『サムライ異文化交渉史』（ゆまに書房）他多数。

小笠原はるの　（おがさわら・はるの）
　東京都生れ。米国バージニア大学大学院修士。ノースウエスタン大学大学院博士課程卒（Ph.D.）。国際日本文化研究センター研究部講師。札幌大学文化学部教授。専門は、コミュニケーション学・翻訳論。

Fabio RAMBELLI　（ファビオ・ランベッリ）
　イタリア・ラヴェンナ県生れ。イタリア・ナポリ東洋大学・ヴェネツィア大学大学院博士課程卒（東洋研究博士）。ウイリアムズ大学助教授・札幌大学教授を経て米国カリフォルニア大学サンタバーバラ校教授。専門は、日本の宗教・思想史・比較文化論。編著書『イタリア的考え方』（ちくま新書）、『Vegetal Buddhas』（草木成仏論の文化史）他。

多文化交流時代への挑戦
Challenges in the Age of Multicultural Exchange

2011年5月24日	印　刷
2011年5月31日	初版発行

　編　者　御手洗昭治
　著　者　御手洗昭治／小笠原はるの／ファビオ・ランベッリ
　発行者　荒井　秀夫
　発行所　ゆまに書房
　　　　　〒101-0047　東京都千代田区内神田2-7-6
　　　　　tel. 03-5296-0491　fax.03-5296-0493
　　　　　http://www.yumani.co.jp
　印刷・製本　新灯印刷株式会社

落丁・乱丁本はお取り替えいたします。
ISBN978-4-8433-3517-8 C3080　¥2000E